Au-delà du Bruit : Retrouvez Votre Sérénité Intérieure

Stratégies et Techniques pour Surmonter la Surpensée, Accroître la Conscience et Embrasser le Présent

Pensées Positives

Contents

5. Recognizing When You're Overthinking

- Signs and symptoms

- Monitoring your thoughts

6. Meditation and Mindfulness

- The practice of mindfulness

- Meditation techniques for beginners

7. Mindful Breathing

- How breathing can influence your thoughts

- Breathing exercises

8. Practicing Gratitude

- Keeping a gratitude journal

- Focusing on the positive

9. Limiting Distractions

- Eliminating digital distractions

- Creating a quiet workspace

10. Setting Boundaries

- Saying "no" when necessary

- Learning to take time for yourself

11. Physical Exercise and Movement

- Benefits of sports and physical activity

- Specific mental exercises

12. Writing to Clear Your Mind

- Journaling and reflection

- Therapeutic writing techniques

13. Talking to Someone

- Finding a confidant

- Benefits of therapy

14. Time Management and Organization

- Planning techniques

- Avoiding procrastination

15. Learning to Embrace Uncertainty

- Letting go of the need for control

- Living in the present

16. Art and Creativity as an Outlet

- Benefits of creative expression

- Finding your form of art

17. Limiting Stimulant Intake

- Coffee, alcohol, and sugars

- The effect of stimulants on anxiety

18. The Power of Sleep

- How overthinking affects sleep

- Creating a sleep routine

19. Establishing a Daily Routine

- The benefits of routine

- Creating a routine that promotes calmness

20. Conclusion: The Path to Calm

- Summarizing the key points discussed

- Encouraging the reader to take the first step

1. **Introduction** • Définition du "Surpenser"
   "Surpenser" est le processus d'analyse excessive, détaillée et prolongée des décisions, des situations ou des problèmes. C'est comme si l'esprit ne pouvait pas se détacher d'une pensée particulière, spiralant dans un cycle continu sans parvenir à une conclusion ou une solution. Au lieu de permettre un flux naturel de pensées, l'individu se retrouve piégé dans un tourbillon d'hypothèses, de scénarios "et si ?", et de situations hypothétiques. Ce type de pensée peut impliquer des événements passés (ruminer sur ce qui aurait pu être fait différemment), des inquiétudes concernant l'avenir (anxiété à propos de ce qui pourrait se produire) ou même des décisions quotidiennes apparemment simples (comme choisir quoi porter ou quoi manger).

2. **L'Effet de la Rumination Excessive sur la Santé Mentale et Physique** Surpenser n'est pas seulement un problème mental ; il a des répercussions tangibles sur la santé globale d'un individu.

3. **Santé Mentale :** • Le surpenser peut augmenter les niveaux de stress et d'anxiété. Un esprit constamment submergé de pensées peut présenter des symptômes tels que l'insomnie, l'irritabilité et des difficultés de concentration.

• Il peut conduire à des problèmes tels que la dépression, l'anxiété et le trouble obsessionnel-compulsif (TOC). Une rumination négative continue peut affecter l'humeur et entraîner des sentiments de désespoir.

• La capacité de prendre des décisions est compromise. Une personne qui surpense excessivement peut se retrouver paralysée par des décisions, grandes ou petites, par peur de faire une erreur.

4. **Santé Physique :** • Le stress chronique causé par le surpenser peut avoir des effets néfastes sur le corps, tels qu'une élévation de la tension artérielle, des problèmes digestifs ou une baisse du système immunitaire.

• La privation de sommeil est un effet secondaire courant du surpenser. L'incapacité à "éteindre" l'esprit peut entraîner des nuits sans sommeil, ce qui peut à son tour entraîner des problèmes de santé tels que l'obésité, les maladies cardiaques et le diabète.

• La tension musculaire, les maux de tête et la fatigue sont d'autres symptômes physiques associés au surpenser.

Santé Mentale et Surpenser : Implications Supplémentaires Fatigue Cognitive : Bien que l'esprit humain soit puissant et capable de traiter une énorme quantité d'informations, il y a une limite à ce qu'il peut supporter sans conséquences. Le surpenser peut entraîner une surcharge d'informations et une fatigue cognitive. Cette épuisement mental peut réduire la capacité à penser clairement, affectant l'apprentissage et la mémoire.

Estime de Soi et Surpenser : Le surpenser implique souvent le doute de soi et une réflexion négative sur soi-même. Avec le temps, cela peut sérieusement endommager l'estime de soi d'un individu. Quand une personne s'inquiète constamment de ne pas être à la hauteur ou de faire des erreurs, elle peut commencer à douter de ses propres compétences, ce qui entraîne une diminution de la confiance en soi.

Relations et Interactions Sociales : La rumination continue peut également affecter les relations personnelles. Une personne qui surpense trop peut devenir excessivement critique envers elle-même et envers les autres. Elle peut commencer à chercher des signes de rejet ou de désapprobation, même quand ils ne sont pas présents, compromettant la qualité des interactions sociales.

Santé Physique et Surpenser : Implications Prolongées Système Cardiovasculaire : Alors que l'anxiété et le stress sont connus pour augmenter la tension artérielle à court terme, le surpenser chronique et le stress prolongé peuvent entraîner des problèmes à long terme tels que l'hypertension.

Cette condition, si elle n'est pas contrôlée, peut augmenter le risque de maladies cardiaques et d'accidents vasculaires cérébraux. **Système Endocrinien :** Le stress prolongé peut influencer le système endocrinien, entraînant une libération prolongée de cortisol, l'hormone du stress. Un excès de cortisol peut affecter le métabolisme, entraîner une prise de poids, réduire la fonction immunitaire et augmenter le risque de maladies chroniques.

Santé Digestive : L'anxiété et le stress peuvent perturber la fonction digestive. Le surpenser peut entraîner des symptômes tels que des nausées, des diarrhées, de la constipation et d'autres problèmes digestifs. À long terme, cela peut contribuer à des affections telles que le syndrome de l'intestin irritable ou les ulcères gastriques.

Santé Musculosquelettique : Comme mentionné précédemment, le surpenser peut entraîner une tension musculaire. Cependant, à long terme, une tension chronique peut entraîner des problèmes tels que des douleurs chroniques, des maux de dos et des problèmes de posture.

En conclusion, le surpenser nuit non seulement à notre capacité à fonctionner au mieux mentalement, mais il a également des effets tangibles sur notre santé physique. Comprendre l'étendue de ses conséquences peut fournir une motivation supplémentaire pour chercher des stratégies et des techniques pour le traiter et le surmonter.

2. Causes du Surpenser **Causes du Surpenser**

• Événements Passés Nos cerveaux ont une capacité naturelle à réfléchir sur le passé, nous aidant à tirer des leçons de nos expériences et à faire de meilleurs choix à l'avenir. Cependant, lorsque cette réflexion devient obsessionnelle et répétitive, elle peut conduire au surpenser.

3. **Traumatismes et Expériences Négatives :** Les événements traumatisants tels que les accidents, les relations toxiques ou les pertes importantes peuvent laisser une impression durable dans la mémoire. Ces événements peuvent provoquer du bruit mental, l'individu

revivant continuellement l'événement tout en cherchant à en trouver la signification, des explications ou des solutions imaginaires.

Regrets : Les décisions passées ayant entraîné des résultats négatifs peuvent devenir des sources constantes de réflexion. Les scénarios "et si" peuvent dominer l'esprit, empêchant l'individu d'accepter le présent et d'avancer.

Conflits Interpersonnels Non Résolus :

• Les désaccords avec des amis, des membres de la famille ou des collègues peuvent être des causes de surpenser, en particulier s'ils n'ont pas été résolus ou discutés ouvertement.

Peur de l'Avenir :

• L'anxiété concernant l'avenir est une autre cause courante de surpenser. Le désir de contrôler ou de prédire des résultats imprévisibles peut conduire à une rumination constante.

• L'Incertitude : Nous vivons dans un monde constamment changeant et incertain. Les inquiétudes concernant la stabilité financière, la carrière ou la santé peuvent déclencher des spirales de pensées anxieuses.

• Les Attentes Élevées : Les attentes personnelles et celles imposées par la société peuvent créer de la pression. La peur de décevoir soi-même ou les autres peut conduire à une réflexion constante sur les scénarios futurs.

• Évitement : La peur peut également conduire à l'évitement de certaines situations. Cet évitement peut, à son tour, alimenter davantage les pensées sur ce qui pourrait se passer si la situation redoutée devait être confrontée.

Perfectionnisme :

• Le perfectionnisme est la recherche inlassable de l'excellence, souvent jusqu'à l'obsession. Cette mentalité peut souvent conduire à la rumination.

• Peur des Erreurs : Les perfectionnistes ont souvent peur de faire des erreurs. Ils analysent méticuleusement chaque décision, inquiets des éventuelles conséquences négatives, même si elles sont minimes.

• Comparaison : Les perfectionnistes ont tendance à se comparer aux autres, mesurant constamment leur propre succès par rapport à celui des autres. Cela peut conduire à des réflexions constantes sur la manière de s'améliorer ou sur ce qu'ils pourraient faire de "mal".

• Auto-critique Excessive : Même lorsque le perfectionniste atteint un objectif, il peut ne pas se sentir satisfait, se concentrant sur ce qu'il aurait pu faire de mieux. Cette auto-critique peut alimenter la rumination et miner l'estime de soi.

En résumé, les causes du surpenser sont complexes et interconnectées. Reconnaître ces causes est la première étape pour les aborder et trouver des stratégies efficaces pour gérer et réduire le surpenser.

Environnement et Contexte Social :

• L'environnement dans lequel nous vivons et le contexte social peuvent avoir un impact significatif sur nos schémas de pensée.

• Pressions Sociales : La société moderne est inondée d'images de succès, de beauté et de bonheur apparent, souvent véhiculées par les médias et les réseaux sociaux. Ces représentations peuvent pousser les gens à trop réfléchir à leur vie, en les comparant à des normes souvent irréalistes.

• Culture du Multitâche : Nous vivons à une époque où l'on nous encourage souvent à faire plusieurs choses simultanément. Cette surcharge sensorielle peut amener l'esprit à une rumination constante, essayant de suivre les multiples demandes.

• Isolation Sociale : Malgré notre connectivité numérique croissante, de nombreuses personnes se sentent isolées. La solitude peut amplifier les pensées intérieures, entraînant des cycles de surpenser.

Biologie et Chimie Cérébrale :

• Nous ne pouvons pas ignorer le rôle de la biologie dans le processus de surpenser.

• Chimie Cérébrale : Les déséquilibres neurochimiques, en particulier des neurotransmetteurs tels que la sérotonine et la dopamine, peuvent influencer l'humeur et les schémas de pensée. Ces déséquilibres peuvent prédisposer certains individus à l'anxiété et, par conséquent, au surpenser.

• Structure Cérébrale : Des études ont montré que l'activité dans certaines zones du cerveau, comme le cingulum antérieur, peut être corrélée avec des tendances obsessionnelles-compulsives, y compris celles du surpenser.

• Génétique : Bien que le surpenser en tant que trait ne soit pas directement hérité, une prédisposition aux troubles de l'humeur ou de l'anxiété, qui peuvent entraîner une rumination excessive, peut avoir une composante génétique.

Mode de Vie et Habitudes Quotidiennes :

• Nos routines quotidiennes peuvent influencer directement notre propension au surpenser.

• Lack of Sleep: Le manque de sommeil peut affecter négativement la fonction cognitive, rendant plus difficile la régulation des pensées et exacerbant le surpenser.

• Stimulants : Une utilisation excessive de la caféine et d'autres stimulants peut augmenter l'anxiété et, par conséquent, le surpenser.

• Lack of Physical Activity : L'exercice physique aide à réguler les neurotransmetteurs et à réduire le stress. Un mode de vie sédentaire peut contribuer à une plus grande incidence de surpenser.

Stress et Adaptabilité :

• Le surpenser peut également être une réponse au stress.

• Gestion du Stress : Les individus qui n'ont pas développé de méthodes efficaces pour gérer le stress peuvent recourir au surpenser comme mécanisme de défense, même s'il est contreproductif.

• Changements de Vie : Des événements significatifs tels que le divorce, la perte d'emploi ou la maladie peuvent conduire à une rumination intense et prolongée.

Identifier et comprendre les causes sous-jacentes du surpenser est crucial. Ce n'est qu'en reconnaissant ces racines que nous pouvons espérer mettre en place des stratégies pour rompre ces cycles et promouvoir un état d'esprit plus sain et plus centré.

Aspects Psychologiques Profonds :

• Les aspects psychologiques sous-jacents peuvent éclairer les motivations et les mécanismes du surpenser.

• Besoin de Contrôle : Psychologiquement, le surpenser peut découler d'un besoin profond de contrôle. Certains individus peuvent sentir que, en réfléchissant intensément à une situation, ils peuvent prédire ou contrôler le résultat, même si cela n'est pas réaliste.

• Mécanismes de Défense : Le surpenser peut être un mécanisme de défense contre des émotions douloureuses ou traumatisantes. Au lieu de faire face à ces émotions, l'individu peut se fixer sur les détails ou les scénarios hypothétiques.

Dynamiques Relationnelles et Communicatives :

• Les dynamiques au sein des relations peuvent souvent être un terrain fertile pour le surpenser.

• Communication Ambiguë : Si un individu reçoit des messages ambigus ou contradictoires de quelqu'un d'important dans sa vie, il peut passer des heures à essayer de "décoder" les significations ou les intentions cachées.

• Attentes Non Exprimées : Sentir le besoin de répondre à des attentes non formulées ou perçues peut conduire à des réflexions sur la manière de les satisfaire ou sur les conséquences possibles de ne pas le faire.

Contexte Culturel et Éducatif :

• L'environnement éducatif et culturel dans lequel on grandit peut avoir un impact durable sur les schémas de pensée.

• Éducation Rigide : Grandir dans un environnement où les erreurs ne sont pas tolérées peut inculquer la peur de l'erreur et ainsi alimenter le surpenser.

• Valeurs Culturelles : Certaines cultures peuvent mettre l'accent sur la réflexion et l'introspection en tant que vertus, tandis que d'autres peuvent promouvoir l'action et la prise de décision. Être en conflit avec ces valeurs culturelles peut entraîner une rumination interminable.

Environnement de Travail :

• Le surpenser peut également être influencé par le type de travail ou l'environnement de travail.

• Responsabilités Élevées : Avoir un rôle impliquant des décisions cruciales pouvant influencer la vie des gens ou avoir des répercussions financières importantes peut conduire à une réflexion constante.

• Manque de Retours Adéquats : Ne pas recevoir de commentaires clairs ou réguliers sur son travail peut laisser place à des questions sur soi-même et ses décisions.

Comparaison et Mondialisation Nous vivons dans un monde mondialisé où nous sommes constamment exposés à des histoires de succès du monde entier.

Comparaison Mondialisée : Chaque fois que nous voyons quelqu'un réussir dans un domaine similaire au nôtre, nous pourrions commencer à réfléchir à ce que nous faisons, comment nous pourrions faire mieux, ou ce que nous aurions pu faire différemment.

Accès Continu à l'Information : À l'ère numérique, nous sommes bombardés d'informations 24 heures sur 24, 7 jours sur 7. Cette surcharge d'informations peut alimenter le surpenser car il y a toujours une nouvelle information à prendre en compte ou à analyser. La reconnaissance des multiples causes du surpenser peut aider les individus à identifier des domaines problématiques spécifiques dans leur vie. Cette prise de conscience est la première étape pour développer des stratégies personnalisées et des interventions ciblées afin de réduire le surpenser et d'améliorer la qualité de vie.

4. **Le lien entre le stress et le surpenser Comment le Stress Alimente le Surpenser Réponse d'Alerte :** Le stress est une réaction naturelle du corps aux situations perçues comme menaçantes. Lorsque nous nous sentons sous pression ou menacés, notre cerveau entre dans un état "d'alerte", nous prédisposant à l'analyse. Cette réponse, autrefois vitale pour notre survie, peut maintenant se traduire par une tendance à surpenser les défis modernes, moins tangibles.

5. **Boucles de Rétroaction :** Le stress peut déclencher le surpenser, ce qui augmente à son tour les niveaux de stress, créant un cycle de rétroaction négative. Plus nous réfléchissons à un problème ou à une situation

stressante, plus nous devenons anxieux, alimentant davantage la rumination.

Évitement : Face au stress, certaines personnes peuvent utiliser le surpenser comme moyen d'éviter l'action directe. Par exemple, si une personne craint un entretien d'embauche à venir, elle pourrait passer des heures à réfléchir à chaque scénario possible plutôt que de se préparer concrètement ou de tenter de se détendre.

Réaction du Corps au Surpenser Réponse de Combat ou de Fuite : Lorsque l'on surpense une situation, le corps peut interpréter cet état mental comme une menace, déclenchant la réponse "combat ou fuite". Cela entraîne une série de changements physiologiques, notamment une augmentation du rythme cardiaque, une accélération de la respiration et une tension musculaire. **Cortisol :** Le surpenser peut entraîner une augmentation de la production de cortisol, l'hormone du stress. Des niveaux élevés et prolongés de cortisol peuvent avoir des effets néfastes sur la santé, notamment une diminution de la fonction immunitaire, des problèmes digestifs et des troubles du sommeil.

Épuisement Mental : La rumination constante peut épuiser les ressources mentales. Comme un muscle surutilisé, le cerveau peut devenir "fatigué", ce qui rend difficile la concentration, la prise de décision et le traitement de nouvelles informations.

Problèmes de Sommeil : Le surpenser, en particulier la nuit, peut perturber la capacité à s'endormir et à rester endormi. La privation de sommeil peut ensuite aggraver davantage le surpenser, créant un autre cycle de rétroaction négative.

Problèmes Digestifs : Ce qui se passe dans l'esprit peut avoir un impact direct sur le corps. L'anxiété et le stress liés au surpenser peuvent entraîner des problèmes digestifs tels que l'acidité, les problèmes de digestion ou les troubles gastro-intestinaux.

Troubles Associés De nombreuses conditions psychologiques peuvent avoir à la fois le stress et le surpenser comme symptômes concomitants ou facteurs déclenchants.

Troubles anxieux : Le surpenser est souvent associé aux troubles anxieux généralisés, aux attaques de panique et aux phobies spécifiques. Dans ces conditions, les individus peuvent devenir préoccupés et obsédés par des pensées ou des scénarios particuliers, alimentant ainsi davantage l'anxiété.

Dépression : Bien que la dépression puisse se manifester par des symptômes de léthargie ou d'apathie, de nombreuses personnes atteintes de dépression connaissent également des périodes intensives de surpenser. Ces pensées peuvent concerner l'estime de soi, la culpabilité ou les regrets.

Facteurs Environnementaux Les stimuli externes peuvent influencer notre niveau de stress et, par conséquent, notre inclination à surpenser.

Sursimulation : Nous vivons à une époque d'information constante. Être constamment exposé aux actualités, aux médias sociaux et aux interruptions peut maintenir le cerveau dans un état hyperactif, favorisant le surpenser.

Bruit et Pollution : Des études ont montré que l'exposition à des niveaux élevés de bruit ou de pollution peut augmenter les niveaux de stress, créant un terrain fertile pour le surpenser.

Rumination vs Réflexion Bien que le surpenser soit souvent perçu comme négatif, il est essentiel de distinguer entre la rumination et la réflexion.

Rumination : La rumination est un type de surpenser dans lequel l'individu reste coincé dans un cycle de pensées négatives, souvent liées à des événements passés ou à des inquiétudes futures. Ce type de pensée peut être nuisible et paralysant.

Réflexion : En revanche, la réflexion est un type de pensée profonde et réfléchie qui peut conduire à de nouvelles idées et résolutions. La réflexion peut être un moyen de traiter les émotions et les expériences de manière constructive.

Impact à Long Terme sur la Santé Le surpenser prolongé et le stress qui en résulte n'ont pas seulement des effets à court terme ; ils peuvent également avoir des répercussions sur la santé à long terme.

Système Immunitaire : Comme mentionné précédemment, une production accrue de cortisol peut affaiblir le système immunitaire, rendant les individus plus susceptibles aux maladies et aux infections.

Santé Cardiovasculaire : Le stress chronique et la tension associée au surpenser peuvent augmenter le risque de problèmes cardiovasculaires, tels que l'hypertension et les maladies cardiaques.

Santé Cognitive : Une exposition continue au stress et au surpenser peut avoir un impact négatif sur la fonction cognitive, augmentant potentiellement le risque de troubles tels que la démence à un âge avancé.

La Connexion Émotionnelle

Le lien entre les émotions et le surpenser est profond. Des sentiments intenses, tels que la tristesse ou la colère, peuvent déclencher des périodes de rumination excessive.

Traitement des Émotions : Certaines personnes utilisent le surpenser comme moyen de traiter leurs émotions. Cependant, s'il n'est pas géré correctement, ce processus peut devenir contre-productif, entraînant une augmentation du stress et des émotions négatives. Comprendre la connexion entre le stress et le surpenser ainsi que les nombreux facteurs pouvant influencer cette relation est essentiel pour développer des stratégies de gestion efficaces et protéger la santé mentale et physique. La prise de conscience de ces connexions et de leurs implications peut guider les individus vers des interventions plus ciblées et une meilleure qualité de vie.

Inhibition de la Créativité et de la Résolution de Problèmes Blocage Créatif : Le surpenser peut freiner le processus créatif. Alors qu'une certaine quantité de stress peut en réalité améliorer les performances, un excès de stress et de rumination peut donner l'impression aux individus d'être bloqués, incapables de générer de nouvelles idées ou solutions.

Attention Réduite : Le surpenser peut également détourner l'attention du "ici et maintenant", rendant difficile la résolution efficace des problèmes. Si l'esprit est engagé dans des cycles constants de réflexion et de souci, la capacité à résoudre les problèmes de manière créative est compromise.

Santé Relationnelle et Connexions Sociales Retrait Émotionnel : Le surpenser et le stress qui en découle peuvent conduire au retrait émotionnel, car les individus sont tellement absorbés par leurs pensées qu'ils se déconnectent des personnes qui les entourent.

Malentendus : Dans un état de surpenser, il est facile de mal interpréter les paroles et les actions des autres, contribuant ainsi à un stress supplémentaire. Cela peut entraîner des conflits et des tensions inutiles dans les relations.

Aspects Temporels et Cycles de Vie Impact sur la Perception du Temps :

Le stress et le surpenser peuvent fausser notre perception du temps. Lorsque l'on est plongé dans des pensées anxieuses, le temps peut sembler s'écouler plus lentement, créant des niveaux supplémentaires de stress.

Moments Critiques de la Vie : Les périodes de changements importants ou de décisions importantes peuvent aggraver à la fois le stress et le surpenser. Par exemple, lors de transitions de vie telles que la remise des diplômes, le mariage ou la naissance d'un enfant, les gens sont plus enclins à surpenser ce qui pourrait mal se passer, alimentant ainsi le stress.

Impact sur les Performances et l'Estime de Soi Paralysie de l'Analyse :

Au travail ou dans le milieu universitaire, le surpenser peut conduire à ce que l'on appelle communément la "paralysie de l'analyse", où une personne se concentre tellement sur la réflexion de chaque détail qu'elle devient incapable de prendre la moindre décision.

Estime de Soi : Le surpenser peut entraîner une spirale négative de doute de soi. Les individus peuvent commencer à remettre en question leurs propres compétences, ce qui peut encore éroder leur estime de soi et, par conséquent, augmenter le stress.

Autres Troubles de la Santé Mentale Chevauchement avec d'Autres Troubles :

Le surpenser n'est pas seulement un phénomène isolé ; il est souvent lié à d'autres troubles de santé mentale tels que la dépression, les troubles anxieux et les troubles obsessionnels-compulsifs. Le stress peut agir comme un catalyseur, exacerbant les symptômes de ces troubles. La connexion entre le stress et le surpenser est complexe, avec de multiples couches d'interaction qui peuvent avoir un impact significatif sur la qualité de vie d'un individu.

Une compréhension profonde de cette relation est cruciale pour développer des stratégies thérapeutiques et des interventions efficaces qui peuvent aider les gens à se libérer du piège du surpenser et à mener une vie plus sereine et épanouissante.

5. **Le Cycle Négatif du Surpenser Comment Il Commence et Se Perpétue Déclencheurs Externes :** Le surpenser provient souvent de stimuli ou de situations externes. Cela peut inclure un commentaire anodin fait par un collègue, des nouvelles bouleversantes ou un événement inattendu. Au lieu de traiter et de laisser aller ces informations, l'esprit commence à s'y fixer.

6. **Bruit Interne :** Des pensées et des inquiétudes persistantes peuvent émerger sans stimulus externe clair. Un vieux regret ou une peur de l'avenir peut déclencher un cycle de surpenser. **Prédisposition Individuelle :** Certaines personnes ont naturellement plus tendance à

la réflexion et à l'analyse. Cette tendance, si elle n'est pas contrôlée, peut facilement se transformer en surpenser.

7. **Amplification :** Une fois qu'une pensée ou une inquiétude s'est installée, l'esprit peut l'amplifier. Ce qui a commencé comme une préoccupation mineure devient un scénario catastrophique, alimentant davantage l'anxiété et l'inquiétude.

8. **La Spirale Descendante Focus Restreint :** À mesure que le surpenser s'intensifie, l'individu peut commencer à se concentrer exclusivement sur des pensées négatives, excluant toute autre pensée ou perspective.

9. **Bruits de Fond :** Avec le temps, ces pensées dominantes peuvent devenir un "bruit de fond" constant, rendant difficile la concentration sur autre chose ou la prise de décisions rationnelles.

10. **Évitement :** Pour essayer de gérer la détresse causée par le surpenser, un individu peut commencer à éviter les situations, les personnes ou les activités qu'il pense

susceptibles de déclencher d'autres pensées négatives. Cet évitement peut limiter les expériences de vie et isoler davantage la personne.

11. **Effets Physiques :** Comme mentionné précédemment, le surpenser n'affecte pas seulement l'esprit, mais aussi le corps. Ces effets physiques (tels que l'insomnie, la tension musculaire, etc.) peuvent, à leur tour, renforcer le cycle du surpenser.

12. **Renforcement des Croyances Limitantes :** Le surpenser renforce souvent les croyances limitantes sur soi-même et sur le monde environnant. Par exemple, si quelqu'un pense constamment "Je ne suis pas assez bon", ces réflexions peuvent ancrer davantage cette croyance, la rendant encore plus difficile à remettre en question ou à surmonter.

13. **Aggravation des Problèmes :** Paradoxalement, bien que le surpenser puisse provenir du désir de résoudre ou d'éviter des problèmes, il peut en réalité les aggraver. Par exemple, s'inquiéter excessivement d'une

relation peut créer des tensions ou des malentendus qui n'existaient pas auparavant.

Distorsions Cognitives :

• **Surdégeneralisation :** Une seule expérience négative est perçue comme un schéma d'échec. Par exemple, faire une erreur dans un projet peut conduire à la croyance : "Je gâche toujours tout."

• **Filtre Mental :** Il s'agit de la tendance à se concentrer exclusivement sur les aspects négatifs d'une situation, en ignorant complètement les aspects positifs. Si dix choses se passent bien et une seule mal, la personne qui rumine trop se concentrera uniquement sur le négatif.

• **Catastrophisme :** Ici, l'individu imagine toujours le pire scénario possible. Une inquiétude mineure, comme un mal de tête, peut se transformer en peur d'une maladie grave.

Répercussions Émotionnelles :

• **Sentiment d'Impuissance :** L'une des conséquences les plus dévastatrices du fait de trop réfléchir est le sentiment d'impuissance. En pensant constamment aux problèmes sans prendre de mesures, on peut commencer à sentir que la situation est hors de contrôle.

• **Isolement Émotionnel :** Trop de pensées peuvent créer une barrière entre l'individu et les autres. La personne qui rumine trop peut avoir l'impression que personne ne peut comprendre ou se rapporter à ses pensées incessantes.

Effets sur la Capacité de Prise de Décision : • **Procrastination :** Le fait de trop réfléchir peut entraîner une paralysie décisionnelle, où la peur de faire le mauvais choix aboutit à l'absence de décision.

• **Manque de Confiance :** Le fait de se remettre constamment en question peut éroder la confiance en son propre jugement, rendant difficile la confiance en ses décisions.

Influences Environnementales et Culturelles :

• **Culture de l'Information :** Nous vivons à une époque où nous sommes bombardés d'informations. Cette surcharge peut alimenter la rumination excessive alors que nous essayons de traiter et d'analyser chaque morceau d'information.

• **Comparaison Sociale :** Les médias sociaux peuvent exacerber la rumination excessive. Voir les moments forts de la vie de quelqu'un d'autre peut nous pousser à trop réfléchir à nos propres vies, choix et chemins.

La Persistance du Cycle :

• **Boucle de Rétroaction Négative :** Comme un serpent qui se mord la queue, chaque tour de rumination renforce le cycle. Les pensées anxieuses génèrent plus de stress, conduisant à des pensées encore plus anxieuses.

• **Renforcements Externes :** Parfois, l'environnement ou les personnes autour de vous peuvent involontairement renforcer la rumination excessive. Par exemple, un parent excessivement inquiet peut transmettre ce comportement à ses enfants.

La rumination excessive, comme on peut le voir, n'est pas simplement une habitude ou une caractéristique de la personnalité, mais un entrelacement complexe de réactions cognitives, émotionnelles et comportementales. Briser le cycle de la rumination excessive nécessite une approche multifacette qui aborde les racines et les manifestations de ce comportement.

5. Reconnaître Quand Vous "Ruminez Trop" Signes et Symptômes : • **Pensées Répétitives :** Vous vous retrouvez constamment à revisiter les mêmes situations, conversations ou décisions sans parvenir à une conclusion ou une solution.

• **Insomnie :** Des difficultés à s'endormir ou à se réveiller au milieu de la nuit avec l'esprit en ébullition sont souvent des signes de rumination excessive.

• **Anxiété ou Sentiments d'Être Submergé :** Un sentiment croissant d'inquiétude, d'agitation ou de nervosité, surtout lorsqu'il n'y a pas de raison immédiate ou évidente à ces sentiments.

• **Difficulté de Décision :** Avoir l'impression que chaque décision, même les plus banales et triviales, nécessite une analyse excessive.

• **Ruminations sur le Passé :** S'attarder sur les erreurs passées, les moments embarrassants ou maladroits, en les rejouant à plusieurs reprises.

• **Préoccupation Excessive pour l'Avenir :** S'inquiéter constamment de ce qui pourrait arriver, en imaginant des scénarios négatifs ou catastrophiques.

• **Manque d'Action :** Vous vous retrouvez paralysé ou réticent à avancer dans une tâche ou une décision en raison de pensées écrasantes.

• **Distraction :** Vous avez du mal à vous concentrer sur une seule activité parce que votre esprit est ailleurs.

Surveillance de Vos Pensées :

• **Journal de Pensées :** Tenir un journal peut vous aider à identifier les schémas de rumination. Notez vos pensées et vos sentiments, et remarquez les circonstances qui semblent déclencher la rumination excessive.

• **Avis des Autres :** Les personnes autour de vous peuvent remarquer si vous vous perdez dans vos pensées. Demandez-leur de vous prévenir s'ils vous voient devenir excessivement analytique ou inquiet.

• **Pleine Conscience et Méditation :** Pratiquer la pleine conscience vous aide à prendre davantage conscience de vos pensées et de vos sentiments dans l'instant présent. Cette conscience peut vous aider à reconnaître quand vous vous engagez dans la rumination excessive.

• **Pause de Réflexion :** Si vous remarquez que vous êtes coincé dans un cycle de pensées, prenez un moment pour faire une pause et évaluer. Demandez-vous : "Suis-je en train de ruminer en ce moment ? Ces pensées sont-elles productives ?"

• **Limitez l'Exposition aux Déclencheurs :** Si vous remarquez que certaines stimuli, comme les nouvelles ou les médias sociaux, alimentent votre rumination excessive, limitez votre exposition à ces stimuli. Fixez des heures précises pour les vérifier ou prenez des pauses numériques.

Reconnaître la rumination excessive est la première étape cruciale pour y faire face. Avec une prise de conscience accrue, vous pouvez commencer à prendre des mesures pour briser le cycle et réduire l'impact négatif qu'il a sur votre vie.

Manifestations Physiques de la Rumination Excessive :

• **Tension Musculaire :** Lorsqu'on est pris dans le tourbillon de la rumination excessive, on peut remarquer que les muscles, en particulier ceux du cou, des épaules ou du dos, deviennent tendus. Cette tension peut entraîner des maux de tête ou d'autres douleurs musculaires.

• **Changements dans la Respiration :** Une respiration superficielle ou accélérée peut être un signe que votre esprit s'emballe.

• **Troubles Digestifs :** L'anxiété et l'inquiétude découlant de la rumination excessive peuvent se manifester sous forme de troubles digestifs, tels que des maux d'estomac ou des reflux acides.

Changements Comportementaux : • **Évitement :** Vous pouvez commencer à éviter des situations ou des personnes que vous craignez de déclencher davantage de rumination excessive, limitant ainsi vos interactions et vos expériences.

• **Procrastination :** La rumination excessive peut vous amener à retarder les décisions ou les actions dans le but d'avoir "plus de temps pour réfléchir", ce qui peut encore aggraver le cycle de la rumination excessive.

• **Compulsivité :** Certaines personnes réagissent à la rumination excessive en cherchant à contrôler les choses par des comportements compulsifs, tels que la vérification répétée de choses ou une organisation obsessionnelle.

Évaluation du Temps :

• **Focus Temporel des Pensées :** Si vous vous fixez constamment sur le passé ou que vous vous inquiétez de l'avenir au lieu de vivre dans le présent, cela pourrait être un signe de rumination excessive.

• **Dilatation du Temps :** Les heures peuvent sembler des minutes lorsque vous êtes immergé dans un cycle de rumination excessive, le temps semblant passer inaperçu.

Outils d'Auto-Évaluation :

• **Applications de Suivi de l'Humeur :** Il existe de nombreuses applications disponibles qui vous permettent d'enregistrer votre humeur et les pensées associées, vous aidant à identifier quand et pourquoi vous pourriez glisser dans la rumination excessive.

• **Techniques d'ancrage :** Ces techniques, comme la technique "5-4-3-2-1", peuvent vous aider à vous reconnecter avec l'instant présent lorsque vous vous sentez submergé par les pensées. Elles sont particulièrement utiles pour interrompre le cycle de la rumination excessive lorsque vous le reconnaissez.

• **Questionnaires et Tests :** Divers questionnaires psychologiques et tests d'auto-diagnostic peuvent vous aider à reconnaître et à évaluer l'étendue de votre rumination excessive.

Comparaison avec les Autres :

• **Groupes de Soutien :** Participer à des groupes de soutien pour l'anxiété ou la rumination excessive peut offrir une perspective externe. Écouter les expériences des autres peut vous aider à reconnaître les signes de la rumination excessive dans votre vie.

Reconnaître la rumination excessive peut prendre du temps et de la pratique, surtout si elle est devenue une habitude ou une réaction automatique. Cependant, avec la conscience et les bons outils, vous pouvez l'identifier et commencer à prendre des mesures pour la réduire ou la gérer efficacement.

Mesures Quantitatives :

• **Suivi du Temps :** Utilisez une minuterie ou une application de suivi du temps pour enregistrer combien de temps vous passez réellement à réfléchir à un problème ou à une situation particulière. Voir le temps "en chiffres" peut être un signal d'alarme.

• **Échelle d'Intensité :** Créez une échelle de 1 à 10 pour évaluer l'intensité de vos pensées. Si vous vous trouvez fréquemment au-dessus du niveau 7, c'est un signe clair que vous ruminez trop.

Signes Psychosomatiques :

• **Tension Musculaire :** Si vous remarquez une tension musculaire, en particulier dans le cou, les épaules ou la mâchoire, cela pourrait être un signe physique de rumination excessive.

• **Augmentation du Rythme Cardiaque :** L'anxiété générée par la rumination excessive peut se manifester par une accélération du rythme cardiaque ou des palpitations.

• **Troubles Digestifs :** Le stress et l'anxiété peuvent affecter le système digestif, entraînant des symptômes tels que des nausées ou des problèmes gastro-intestinaux.

Effets sur les Relations :

• **Conversations Superficielles :** Si vous évitez les conversations profondes ou significatives de peur de dire quelque chose de mal ou d'être jugé, cela pourrait être un signe de rumination excessive.

• **Retrait Social :** Le désir d'éviter les déclencheurs de stress potentiels peut vous amener à vous éloigner de vos amis et de votre famille.

Signes Indirects :

• **Procrastination :** La rumination excessive peut entraîner de la procrastination comme mécanisme de défense pour éviter les décisions ou les actions qui pourraient déclencher davantage de stress.

• **Perfectionnisme :** Le sentiment que chaque détail doit être analysé et optimisé peut être un symptôme de la rumination excessive.

• **Auto-Critique :** Si vous constatez que votre dialogue interne est principalement critique et impitoyable, vous tombez probablement dans le piège de la rumination excessive.

Techniques d'Auto-Enquête :

• **Questions Directes :** Poser des questions comme "Quel est le pire scénario possible qui pourrait se produire ?" ou "Est-ce que cela aura de l'importance dans cinq ans ?" peut aider à évaluer la gravité et la pertinence de vos pensées.

• **Analyse SWOT :** Essayez de réaliser une analyse SWOT (Forces, Faiblesses, Opportunités et Menaces) concernant le problème sur lequel vous ruminez. Cela peut offrir une vue plus équilibrée de la situation.

6. Méditation et Pleine Conscience Pratique de la Pleine Conscience : Définition de la Pleine Conscience : La pleine conscience, ou l'attention, se réfère à la pratique d'être pleinement présent et engagé dans l'instant, sans jugement. Elle implique d'observer vos pensées et vos sentiments sans essayer de les changer ou d'y réagir.

Avantages de la Pleine Conscience :

• **Réduction du Stress :** Elle aide à calmer l'esprit, réduisant l'anxiété et la panique.

• **Augmentation de la Concentration :** Elle améliore la capacité à se concentrer sur des tâches spécifiques, réduisant les distractions.

• **Meilleure Connexion Émotionnelle :** Elle favorise une compréhension plus profonde de vos émotions et de la manière d'y répondre.

Pratiques Quotidiennes de Pleine Conscience :

• **Observation Consciente :** Portez attention à des activités quotidiennes telles que manger, marcher ou respirer. Par exemple, lorsque vous mangez, remarquez les saveurs, les textures et les arômes.

• **Écoute Active :** Lorsque vous conversez avec quelqu'un, concentrez-vous pleinement sur ce qu'il dit sans penser à votre réponse.

Techniques de méditation pour les débutants :

• Méditation de la conscience de la respiration :

1. Asseyez-vous dans une position confortable avec le dos droit.

2. Fermez les yeux et portez votre attention sur votre respiration.

3. Observez la sensation de l'air qui entre et sort de vos narines.

4. Lorsque l'esprit s'évade, reconnaissez doucement la distraction et ramenez votre attention à votre respiration.

• Méditation guidée :

5. Écoutez des enregistrements ou utilisez des applications qui vous guident à travers une séance de méditation.

6. Elles incluent souvent des visualisations, des relaxations progressives et d'autres techniques pour recentrer l'esprit.

• Méditation en marchant :

7. Marchez lentement et en pleine conscience, en remarquant chaque pas au contact du sol.

8. Sentez la connexion entre votre pied et la terre, en restant conscient à chaque pas.

• **Méditation de bienveillance (Metta) :**

9. Commencez par concentrer votre attention sur votre respiration.

10. Commencez lentement à envoyer des pensées d'amour et de bienveillance à vous-même : "Que je sois heureux(se). Que je sois en paix."

11. Étendez ces pensées d'amour et de bienveillance aux autres, y compris aux amis, à la famille, voire aux étrangers ou aux ennemis.

• **Méditation du balayage corporel :**

12. Asseyez-vous ou allongez-vous dans une position confortable.

13.   Commencez par vos pieds et montez lentement à travers chaque partie de votre corps, en remarquant toute sensation, chaleur, froid ou tension.

14.   L'objectif est d'observer sans jugement ni tentative de modifier ce que vous ressentez.

La méditation et la pleine conscience sont des outils puissants pour briser le cycle de la rumination. Grâce à ces pratiques, vous apprenez à ne pas vous attacher aux pensées et à les voir pour ce qu'elles sont : des événements mentaux passagers. Avec le temps et une pratique régulière, vous pouvez développer un esprit plus calme et plus centré, réduisant considérablement l'impulsion de la rumination.

Outils et paramètres pour la méditation :

• **Coussins et bancs :** Utiliser des coussins ou des bancs spéciaux pour la méditation peut aider à maintenir une posture correcte et à se sentir plus à l'aise lors de sessions plus longues.

- **Environnement :** Créer un espace de méditation dédié dans votre maison peut renforcer votre pratique. Il n'a pas besoin d'être une pièce entière ; un coin calme avec une bougie ou des pierres peut suffire.

- **Musique et sons :** Beaucoup trouvent utile de méditer avec des sons de fond comme des vagues, des chants, de la pluie ou des bruits de forêt. Il existe de nombreuses applications et enregistrements qui proposent ces sons.

Pleine conscience dans les activités quotidiennes :

- **Manger en pleine conscience :** Prenez le temps de savourer chaque bouchée de nourriture. Remarquez la texture, le goût et comment cela vous fait sentir. Cette pratique réduit non seulement la rumination, mais peut également aider la digestion et la satiété.

- **Douche en pleine conscience :** Concentrez-vous sur la sensation de l'eau sur votre peau, le parfum du savon et le son de l'eau. Transformez une routine quotidienne en un moment méditatif.

- **Écoute en pleine conscience :** Lors d'une conversation, au lieu de penser à ce que vous direz ensuite, concentrez-vous réellement sur ce que l'autre personne dit.

Profondeur de la méditation :

• **Dépasser le soi :** Avec une pratique profonde, vous pouvez commencer à ressentir une connexion à quelque chose de plus grand que vous. Ce sentiment d'unité peut vous aider à mettre en perspective les petits problèmes ou les inquiétudes.

• **Prise de conscience de l'impermanence :** La méditation peut vous amener à reconnaître que tout, y compris vos pensées, est temporaire. Cette prise de conscience peut vous aider à lâcher prise des pensées persistantes ou obsessives.

Obstacles et défis en méditation :

• **Frustration :** Il est courant de se sentir frustré lorsque l'esprit divague pendant la méditation. Il est important de se rappeler que la pratique ne consiste pas à "vider l'esprit", mais à remarquer quand l'esprit s'éloigne et à le ramener doucement au présent.

• **Impatience :** Beaucoup s'attendent à des résultats immédiats de la méditation. Cependant, comme toute autre compétence, cela nécessite de la pratique et de la persistance.

• **Posture :** Maintenir une posture correcte peut être difficile, surtout pour les débutants. Il est utile de commencer par de courtes sessions et, si nécessaire, d'utiliser des coussins ou des bancs pour soutenir votre dos.

Ressources supplémentaires : Considérez l'idée de participer à des retraites ou des ateliers de méditation pour approfondir votre pratique. De plus, de nombreux livres et cours en ligne peuvent fournir des instructions détaillées et des idées sur la méditation et la pleine conscience.

En résumé, intégrer la méditation et la pleine conscience dans la vie quotidienne peut offrir un puissant antidote à la rumination, apportant plus de paix, de clarté et de joie à vos expériences quotidiennes.

6. **Respiration consciente :** Comment la respiration peut influencer vos pensées :

• **Connexion corps-esprit :** La respiration est le seul système autonome du corps qui peut être facilement contrôlé. Par conséquent, elle peut servir de lien entre l'esprit et le corps, influençant les deux simultanément.

• **Réduction de la réponse au stress :** Une respiration profonde et rythmée peut activer le système nerveux parasympathique, responsable de la réponse "repos et digestion" du corps. Cela peut aider à calmer un esprit anxieux et à réduire les effets du stress.

• **Concentration et focalisation :** Une respiration régulière et contrôlée peut aider à clarifier l'esprit, facilitant la concentration et réduisant la distraction.

• **Régulation émotionnelle :** Lorsque nous sommes émotionnellement agités, notre respiration a tendance à être irrégulière ou superficielle. Porter attention à la respiration peut aider à stabiliser nos émotions.

Exercices de respiration :

1. **Respiration abdominale :** • Asseyez-vous ou allongez-vous dans une position confortable.

   • Placez une main sur votre poitrine et l'autre sur votre estomac. • Inspirez lentement par le nez, permettant à l'estomac de se gonfler (la main sur la poitrine doit rester immobile).

   • Expirez lentement par la bouche ou le nez, sentant l'estomac se contracter.

   • Répétez pendant au moins 5 à 10 minutes.

2. **Respiration 4-7-8 :**

   • Asseyez-vous avec le dos droit.

   • Fermez la bouche et inspirez silencieusement par le nez en comptant jusqu'à 4.

   • Retenez votre respiration pendant un compte de 7.

   • Expirez complètement par la bouche avec un son sifflant pendant un compte de 8.

- C'est une respiration. Répétez maintenant le cycle trois autres fois pour un total de quatre respirations.

3. **Respiration alternée des narines (Nadi Shodhana) :**

   - Asseyez-vous confortablement avec le dos droit.

   - Utilisez votre pouce droit pour fermer votre narine droite.

   - Inspirez profondément par la narine gauche.
   - Maintenant, fermez la narine gauche avec votre annulaire et votre auriculaire, et ouvrez la narine droite.

   - Expirez par la narine droite, puis inspirez par la même narine.

   - Fermez la narine droite et ouvrez la gauche, puis expirez par la narine gauche.

   - Cela complète un cycle. Continuez pendant au moins 5 à 10 cycles.

4. **Respiration carrée :**

- Asseyez-vous confortablement.

- Inspirez pendant un compte de 4.

- Retenez votre respiration pendant un compte de 4.

- Expirez pendant un compte de 4.

- Maintenez vos poumons vides pendant un compte de 4.

- Répétez pendant au moins 5 minutes. En incorporant ces exercices de respiration dans votre routine quotidienne, vous pouvez développer une plus grande conscience et un meilleur contrôle de votre état mental. Avec la pratique, il vous sera plus facile de revenir à un état de calme et de clarté, même dans les moments de stress ou de tourmente.

La sagesse ancienne de la respiration :

La pratique de la concentration sur la respiration a des racines anciennes et se trouve dans de nombreuses traditions spirituelles et culturelles. Les moines bouddhistes, par exemple, utilisent la respiration comme un outil principal dans leur pratique de la méditation. Dans le domaine du yoga, le "pranayama" ou le contrôle de la respiration est fondamental. La respiration et la physiologie :

• **Rythme cardiaque et respiration :** Lorsque nous respirons profondément et rythmiquement, notre rythme cardiaque peut se synchroniser, un phénomène connu sous le nom de cohérence cardiaque. Cette synchronisation a des effets bénéfiques sur le corps, comme la réduction de la pression artérielle.

• **Oxygénation du cerveau :** Une respiration profonde et consciente assure une meilleure oxygénation du cerveau, favorisant la clarté mentale et une meilleure fonction cognitive.

L'art de la respiration dans la vie quotidienne : • Respiration pendant les activités : Que vous fassiez de l'exercice, cuisiniez ou simplement marchiez, prendre conscience de votre respiration peut transformer une activité ordinaire en une opportunité méditative.

• **Respiration et alimentation :** Pratiquer la respiration consciente avant les repas peut faciliter la digestion. Prendre un moment pour respirer profondément et exprimer de la gratitude pour la nourriture devant vous peut apporter une plus grande conscience et gratitude à votre expérience de repas.

Exercices de respiration supplémentaires :

5. **Respiration du feu (Kapalbhati) :**

    • Asseyez-vous dans une position confortable avec le dos droit.

    • Commencez par une respiration profonde.

    • Expirez rapidement et vigoureusement par le nez, en contractant les muscles abdominaux.

    • Laissez l'inhalation se produire naturellement et sans effort.

    • Continuez pendant 15 à 30 secondes, puis ralentissez pour revenir à une respiration normale.

6. **Contemplation de la respiration :**

    • Trouvez un endroit calme pour vous asseoir ou vous allonger.

• Au lieu de modifier votre respiration, observez-la simplement. Remarquez la température, le rythme et tous les autres détails.

• Lorsque l'esprit s'évade, revenez doucement à l'observation de la respiration.

6. **Respiration Comptée :**
   • Asseyez-vous dans une position confortable.
   • Inspirez pendant un compte de 5.
   • Maintenez pendant un compte de 3.
   • Expirer lentement pendant un compte de 7.
   • Répétez pendant au moins 5 à 10 minutes.

La Respiration et l'Interaction Sociale : Prêter attention à votre respiration pendant les interactions sociales peut vous aider à rester centré et présent. Si vous vous trouvez dans une conversation stressante ou difficile, prendre quelques respirations profondes peut vous aider à répondre avec plus de calme et de réflexion.

En conclusion, la respiration est bien plus qu'une simple fonction corporelle automatique : c'est une clé puissante pour notre santé mentale et physique. En cultivant une pratique de la respiration consciente, nous pouvons accéder à un profond sentiment de paix et de bien-être où que nous soyons.

7. **La Pratique de la Gratitude :**

    Le Pouvoir de la Gratitude : La gratitude n'est pas seulement une simple expression de remerciement ; c'est un puissant catalyseur pour le bien-être. Elle peut améliorer l'humeur, réduire le stress et contribuer à développer une perspective plus positive de la vie.

La Science et la Gratitude : Des études ont montré que les personnes qui pratiquent régulièrement la gratitude ont des niveaux de stress réduits, une meilleure qualité de sommeil et une plus grande satisfaction de la vie. Elles ont également démontré un système immunitaire plus fort et une plus faible probabilité de développer des troubles dépressifs.

Tenir un Journal de la Gratitude :

Avantages : Avoir un endroit dédié pour noter ce pour quoi vous êtes reconnaissant peut servir de rappel tangible de la beauté et des joies de la vie, même en période difficile.

Pour commencer :

• Choisissez un journal ou un cahier qui vous plaît.

• Réservez un moment spécifique chaque jour, peut-être avant le coucher, pour réfléchir et écrire.
• Notez trois choses pour lesquelles vous êtes reconnaissant ce jour-là, peu importe leur taille.

• Essayez d'éviter les répétitions ; cela encouragera une réflexion plus profonde et la remarque des petits détails positifs de votre vie.

Se Concentrer sur le Positif : Recalibrage de l'esprit : Souvent, l'esprit humain est programmé pour remarquer ce qui ne va pas ou ce qui manque dans nos vies, un héritage évolutif appelé "biais de négativité". La pratique de la gratitude peut nous aider à recalibrer notre attention en mettant davantage l'accent sur le positif.

Exercice du Pot de Gratitude :

• Prenez un pot vide et de petits morceaux de papier.

• Chaque jour, notez quelque chose de positif qui s'est passé ou quelque chose pour lequel vous êtes reconnaissant sur une note.

• Placez la note dans le pot.

• À la fin de l'année ou lorsque vous vous sentez découragé, ouvrez le pot et lisez les notes pour vous rappeler les moments positifs.

La Gratitude dans la Vie Quotidienne : Faites une pause pendant la journée pour vous arrêter et apprécier ce qui vous entoure. Cela peut être quelque chose d'aussi simple que le soleil qui brille, les oiseaux qui chantent ou un sourire d'un inconnu. Ces petits moments d'appréciation peuvent s'accumuler et avoir un impact significatif sur votre perception globale de la vie.

En incorporant la pratique de la gratitude dans votre vie quotidienne, vous constaterez qu'il est plus facile de vous concentrer sur les joies et les beautés de la vie plutôt que sur ses obstacles. Cette attitude peut non seulement améliorer votre santé mentale, mais aussi influencer positivement ceux qui vous entourent, créant un cercle vertueux de positivité.

La Neurologie de la Gratitude :

La gratitude a des effets mesurables sur le cerveau. Des études de neuro-imagerie ont montré que l'expression de la gratitude active l'hypothalamus, une partie du cerveau qui régule diverses fonctions corporelles essentielles, notamment l'appétit, le sommeil et la production de stress. Cela suggère que la gratitude peut avoir des effets bénéfiques sur le bien-être global et sur la façon dont nous réagissons au stress.

De plus, la gratitude est associée à l'activation de régions cérébrales liées aux systèmes de récompense, libérant des neurotransmetteurs tels que la dopamine, qui produisent des sensations de plaisir et de contentement.

L'Effet "Boomerang" de la Gratitude :

Lorsque nous exprimons de la gratitude, nous déclenchons souvent une réaction en chaîne. L'expression de l'appréciation peut encourager les autres à faire de même, créant une atmosphère de réciprocité et de connexion. Cette renforcement des relations sociales peut contribuer davantage à notre bien-être.

La Gratitude en Temps Difficiles : Alors qu'il est facile de se sentir reconnaissant lorsque tout va bien, c'est dans les moments difficiles que la gratitude peut être particulièrement puissante. Reconnaître les petites bénédictions ou les leçons apprises en période difficile peut aider à transformer votre perception des défis et à trouver de la force et de l'espoir.

Exercice de "Reformulation de la Perception" :
Réfléchissez à un défi récent ou passé dans votre
vie. Au lieu de vous concentrer sur les aspects
négatifs, demandez-vous : "Qu'ai-je appris de cette
expérience ? Y a-t-il quelque chose pour lequel je
peux être reconnaissant, malgré la difficulté ?"
Notez vos réflexions, en mettant l'accent sur les
aspects positifs ou les leçons apprises.

La Gratitude comme Mode de Vie : Intégrer la
gratitude dans votre routine quotidienne peut en
faire un mode de vie. Au lieu de considérer la
gratitude comme une activité isolée, elle peut
devenir une façon de vivre et de percevoir le
monde.

L'Exercice de la "Promenade de la Gratitude" : Lors
de votre promenade quotidienne, fixez l'intention
de remarquer et d'apprécier les petites choses qui
vous entourent. Il pourrait s'agir de la beauté de la
nature, d'un geste gentil d'un inconnu, ou
simplement de la sensation du soleil sur votre peau.
À chaque pas, renforcez votre connexion au présent

et cultivez un sentiment de gratitude pour l'expérience.

Conclusion : La gratitude, lorsqu'elle est pratiquée avec conscience et intention, a le pouvoir de transformer non seulement notre perception interne, mais aussi nos interactions externes. Grâce à des exercices, des réflexions et une pratique quotidienne dédiée, nous pouvons cultiver un profond sentiment d'appréciation qui imprègne tous les aspects de notre vie, conduisant à une plus grande joie, connexion et bien-être général.

9. Limiter les Distractions : Le Coût des Distractions : Nous vivons à une époque où les distractions sont courantes. Une notification sur votre smartphone, un e-mail entrant, un nouvel épisode de votre série TV préférée - toutes ces choses rivalisent pour notre attention. Et bien que ces distractions puissent sembler inoffensives, elles ont en réalité un coût. Outre le compromis de notre productivité, elles peuvent également alimenter la rumination, nous détournant du moment présent et fragmentant notre attention.

Éliminer les Distractions Numériques :

1. Réduisez les Notifications : Désactivez toutes les notifications non essentielles sur votre téléphone ou votre ordinateur. Cela inclut les applications de médias sociaux, les jeux et les actualités. Si une notification ne concerne pas un appel ou un message qui vous est directement adressé, réfléchissez à son utilité réelle.

2. Détox Numérique : Réservez quelques heures chaque jour, voire une journée entière chaque semaine, loin des appareils électroniques. Profitez de ce temps pour lire, méditer, faire des promenades ou vous engager dans d'autres activités hors ligne.

3. Applications de Surveillance : Utilisez des applications telles que "Forest" ou "Focus@Will" pour suivre et limiter le temps passé sur des applications ou des sites web spécifiques. Ces applications vous aident à rester concentré, réduisant la tentation de naviguer impulsivement.

Créer un Espace de Travail Calme :

1. Personnalisez Votre Espace : Dédiez une zone spécifique de votre domicile ou de votre bureau comme espace de travail. Lorsque vous y êtes, votre cerveau reconnaît qu'il est temps de se concentrer.

2. Éliminez les Distractions Visuelles : Gardez votre bureau et votre espace de travail propres et dégagés d'objets inutiles. Un environnement propre et organisé peut réduire la sensation de chaos et améliorer la concentration.

3. Utilisez des Écouteurs : Si vous êtes dans un environnement bruyant, portez des écouteurs pour annuler le bruit ou écoutez de la musique relaxante qui pourrait vous aider à vous concentrer.

4. Pause Planifiée : Travaillez par blocs de temps, par exemple 25 minutes de travail suivis de 5 minutes de pause. Cette méthode, également connue sous le nom de technique Pomodoro, peut aider à maintenir une concentration

élevée et à offrir des moments réguliers pour se détendre et se ressourcer.

5. Environnement Physique : Tenez compte de l'éclairage, de la température, et du confort de votre chaise et de votre bureau. Un environnement confortable peut faire une différence significative dans votre capacité à vous concentrer.

La Psychologie des Distractions : Les distractions ne sont pas seulement des obstacles externes ; souvent, notre prédisposition interne joue un rôle crucial dans l'efficacité de ces distractions. Comprendre la psychologie des distractions peut fournir des outils pour les combattre plus efficacement.

1. Curiosité vs. Nécessité : Souvent, nous nous laissons distraire non pas parce que nous avons besoin de cette information, mais parce que notre esprit est naturellement curieux. Reconnaître cette différence peut aider à résister à l'envie de vérifier chaque notification ou mise à jour.

2. Évitement Emotionnel : Parfois, nous nous distrayons pour éviter de faire face à des émotions ou des tâches difficiles. Reconnaître quand vous utilisez les distractions comme mécanisme de défense peut vous permettre de confronter directement ce que vous évitez.

Examen Approfondi des Distractions Numériques :

1. Défilement Infini : De nombreux sites web et applications, en particulier les médias sociaux, utilisent le "défilement infini" pour garder les utilisateurs engagés le plus longtemps possible. Être conscient de cette tactique peut vous aider à briser cette habitude.

2. Détox Numérique Nocturne : Évitez d'utiliser des appareils électroniques au moins une heure avant le coucher. Cela peut améliorer la qualité du sommeil et réduire l'anxiété nocturne et la rumination.

Stratégies Avancées pour Créer un Espace de Travail Calme :

1. Couleurs et Ambiance : Les couleurs de votre espace de travail peuvent influencer votre humeur et votre productivité. Des nuances comme le bleu et le vert sont souvent considérées comme relaxantes et peuvent favoriser la concentration.

2. Plantes d'Intérieur : Les plantes améliorent non seulement la qualité de l'air, mais peuvent également réduire le stress et augmenter la productivité. Pensez à ajouter des plantes d'intérieur comme des sansevières ou des pothos à votre espace de travail.

3. Zones sans Technologie : Désignez certaines zones de votre domicile comme étant exemptes de technologie. Ce sont des endroits pour la lecture, la méditation ou simplement la détente sans appareils numériques.

4. Rituel de Travail : Établissez un rituel pour commencer votre journée de travail, comme quelques minutes de respiration profonde ou

de journalisation. Cela peut vous aider à vous concentrer et à réduire les distractions tout au long de la journée.

Techniques pour Soutenir une Concentration Profonde :

1. Entraînement à la Concentration : Tout comme n'importe quel autre muscle, votre capacité à vous concentrer peut être renforcée par une pratique régulière. Consacrez des périodes de temps chaque jour à la lecture, à l'étude ou au travail sans interruption.

2. Méditation de Concentration : Il existe des méditations spécifiques, comme la méditation Shamatha, qui visent directement à améliorer la concentration. Ces pratiques peuvent vous aider à développer une plus grande résistance aux distractions.

Conclusion : Dans un monde de plus en plus interconnecté, la capacité à limiter les distractions est devenue une compétence précieuse. Grâce à une combinaison de compréhension psychologique, de stratégies environnementales et de pratique régulière, nous pouvons cultiver un espace et un état d'esprit qui favorisent une concentration profonde et un bien-être général.

10. Établir des Limites : L'Importance des Limites dans Notre Monde Moderne : Nous vivons à une époque d'hyperconnectivité où l'on attend de nous que nous soyons toujours disponibles et réactifs. Bien que cela puisse apporter des avantages en termes de communication et d'accès à l'information, cela a également le potentiel de submerger notre esprit, augmentant le risque de rumination. Établir des limites claires est devenu essentiel non seulement pour protéger notre temps et notre énergie, mais aussi pour préserver notre santé mentale.

Dire "Non" Quand C'est Nécessaire :

1. Le Pouvoir du "Non" : Dire "non" n'est pas seulement un refus de quelque chose ; c'est aussi une affirmation de l'autonomie et des priorités. Cela vous permet de protéger votre temps, votre énergie et votre bien-être.

2. Un "Non" Sans Culpabilité : Beaucoup d'entre nous luttent avec la culpabilité quand ils disent "non". Il est essentiel de reconnaître que l'établissement de limites est un droit, pas un privilège. Il n'y a aucune obligation de se justifier à chaque fois.

3. Techniques pour Dire "Non" : Pratiquez des moyens doux mais fermes de décliner des demandes ou des offres. Par exemple : "Merci pour la proposition, mais je ne peux pas l'accepter pour le moment."

Apprendre à Prendre du Temps pour Vous-même :

1. L'Auto-renouvellement : Le temps pour vous-même n'est pas un luxe ; c'est une nécessité. Il sert à recharger, à réfléchir et à renouer avec vos besoins et vos désirs.

2. Créez des Rituels Personnalisés : Que ce soit la lecture d'un livre, une promenade, la méditation ou l'écoute de musique, trouvez ce qui vous aide à vous détendre et consacrez-y du temps chaque jour.

3. Planification du Temps "Pour Moi" : Tout comme vous planifiez des réunions et des activités, vous devriez également planifier des moments uniquement pour vous. Cela peut être un moyen efficace de vous assurer d'avoir le temps nécessaire pour vous ressourcer.

4. Désignez des Espaces Personnels : Si possible, créez un coin ou une pièce dans votre domicile dédié exclusivement à la détente et au ressourcement. Cela peut devenir un refuge contre le chaos extérieur et un lieu pour renouer avec vous-même.

5. Connectez-vous à la Nature : Passer du temps en plein air, que ce soit une courte promenade dans le parc ou une escapade en montagne, peut avoir des effets profondément revigorants sur l'esprit et le corps. La nature peut aider à rompre le cycle de la rumination et à rétablir un sentiment d'équilibre.

Le Contexte Social des Limites : Dans de nombreuses cultures, en particulier dans les environnements de travail compétitifs, il existe une pression sociale subtile pour dire toujours "oui". Cela peut découler de la peur de manquer des opportunités ou du désir de paraître comme un joueur d'équipe. Cependant, en priorisant les besoins des autres au détriment des vôtres, vous risquez de perdre de vue ce qui compte vraiment.

L'Art de Dire "Non" et Ses Facettes :

1. Dire "Non" avec Empathie : La clé pour refuser gentiment est d'appeler à l'empathie. Aidez les gens à comprendre que votre décision n'est pas un rejet personnel, mais une nécessité pour votre bien-être.

2. "Non" comme Acte d'Amour de Soi : Chaque fois que vous établissez une limite, vous pratiquez l'amour de soi. Vous reconnaissez que votre temps, votre énergie et votre bien-être sont précieux.

3. L'Importance du Timing : Si vous savez que vous devrez décliner quelque chose, essayez

de le faire à l'avance. Cela donne aux autres le temps de s'ajuster ou de trouver des alternatives.

Prendre du Temps pour Vous et les Avantages Psychologiques :

1. Régénération Mentale : Comme une machine qui a besoin d'être éteinte et redémarrée, nos cerveaux ont besoin de pauses régulières. Cela permet la réduction du stress, une créativité améliorée et une productivité à long terme accrue.

2. Réflexion et Clarté : Quand vous prenez du temps pour vous, vous pouvez réfléchir à vos expériences, évaluer vos décisions et obtenir une plus grande clarté sur les directions futures.

3. Connexion Émotionnelle : Le temps passé seul peut également être une précieuse occasion de vous reconnecter à vos émotions, développant ainsi une plus grande conscience émotionnelle.

Stratégies Pratiques pour Établir des Limites :

1. Planification Proactive : Tout comme vous planifiez des activités professionnelles, réservez des moments "non négociables" pour vous-même dans votre calendrier. Il peut s'agir d'une heure de lecture, d'une après-midi de promenade ou d'une escapade d'un week-end.

2. Communication Claire : Lorsque vous discutez de vos limites avec d'autres personnes, soyez clair et direct. Cela aide à prévenir les malentendus et à établir des attentes réalistes.

3. Exercices Mentaux : Si vous vous sentez coupable ou anxieux à l'idée d'établir des limites, envisagez de pratiquer des méditations ou des visualisations qui renforcent votre sens de l'autonomie et de la sécurité.

4. Soutien Communautaire : Entourez-vous de personnes qui comprennent et respectent votre besoin d'établir des limites. Ce soutien peut venir de groupes de soutien, d'amis, de famille ou de thérapeutes.

Gestion de l'Énergie et Établissement de Limites :
La gestion efficace du temps est souvent louée, mais
ce qui est tout aussi crucial, c'est la gestion de
l'énergie. Même si vous avez le temps de faire
quelque chose, sans l'énergie nécessaire, votre
efficacité et votre productivité en souffriront.

1. Reconnaître les Cycles d'Énergie : Faites
   attention aux moments de la journée où vous
   vous sentez le plus énergique et où vous avez
   tendance à vous sentir plus fatigué. Cette
   conscience vous permet de planifier
   stratégiquement vos activités.

2. Priorisation et Focalisation : Tenez compte de
   vos priorités et concentrez votre énergie sur ce
   qui compte vraiment. Apprenez à reconnaître
   et, si nécessaire, à décliner des activités
   secondaires ou non essentielles.

**La Valeur de l'Authenticité dans l'Établissement de
Limites :** Beaucoup de gens évitent d'établir des
limites de peur de paraître égoïstes ou de décevoir
les autres. Cependant, être authentique concernant

vos besoins et vos capacités peut renforcer les relations et mener à une plus grande réciprocité.

1. Authenticité et Attentes : Être clair au sujet de vos limites aide à établir des attentes réalistes, évitant ainsi les frustrations et les malentendus.

2. Établir des Limites comme Acte de Transparence : Communiquer vos limites montre que vous êtes quelqu'un qui valorise l'honnêteté et la clarté, des caractéristiques souvent appréciées à la fois sur le plan personnel et professionnel.

L'Impact des Limites sur la Santé Mentale : Une exposition constante au stress et à la pression peut entraîner l'épuisement, le burn-out et d'autres défis de santé mentale. Établir des limites n'est pas seulement un moyen de protéger votre temps, mais aussi de protéger votre esprit.

1. Prévention du Burn-Out : L'incapacité à établir des limites peut conduire au burn-out, avec des symptômes allant de la fatigue constante à

une perte d'intérêt pour les activités quotidiennes.

2. Estime de Soi et Limites : Chaque fois que vous affirmez vos limites, vous renforcez le message selon lequel vos besoins et votre bien-être sont importants. Cela peut améliorer l'estime de soi et la valeur personnelle.

Méthodes Pratiques pour Établir et Maintenir des Limites :

1. Techniques d'Écoute Active : Lorsque quelqu'un fait une demande, prenez un moment pour vraiment comprendre ce qui est demandé avant de répondre. Cela vous donne le temps d'évaluer si vous pouvez ou voulez répondre à la demande.

2. Déferral Stratégique : Si vous n'êtes pas sûr de votre capacité ou de votre volonté à répondre à une demande, envisagez de demander un peu de temps pour y réfléchir. Par exemple : "Puis-je vous répondre demain ?"

3. **Affinez Votre Intuition** : Développez la capacité de vous brancher sur vous-même et de reconnaître quand quelque chose dépasse vos limites, même si cela semble être une demande raisonnable en surface.

Conclusion : Les limites sont essentielles pour maintenir l'équilibre dans la vie et pour faire en sorte que vos besoins et vos priorités soient respectés. Grâce à l'autoréflexion, à la prise de conscience et à une communication efficace, vous pouvez apprendre à établir des limites qui protègent votre énergie, votre temps et votre santé mentale, ce qui conduit à une vie plus harmonieuse et épanouissante.

11. Exercice Physique et Mouvement Avantages des Sports et de l'Activité Physique : L'exercice physique est bénéfique non seulement pour le corps, mais offre également une gamme d'avantages pour l'esprit. Voici quelques raisons clés pour lesquelles les sports et l'activité physique sont essentiels :

1. Libération d'Endorphines : L'exercice physique stimule la production d'endorphines, connues sous le nom d'"hormones du bonheur". Ces substances agissent comme des analgésiques naturels et peuvent améliorer l'humeur.

2. Réduction du Stress : L'activité physique peut contribuer à réduire le cortisol, l'hormone du stress, dans le corps, favorisant un sentiment de calme et de bien-être.

3. Amélioration du Sommeil : L'exercice régulier peut contribuer à une meilleure qualité de sommeil, vous aidant à vous sentir plus reposé et revigoré.

4. Amélioration de la Mémoire et des Capacités Cognitives : L'exercice physique régulier peut améliorer la fonction cérébrale et protéger contre le déclin cognitif lié à l'âge.

5. Renforcement de l'Estime de Soi : Améliorer sa condition physique et atteindre des objectifs

personnels dans l'activité physique peut contribuer à une meilleure estime de soi et à un accomplissement personnel.

Exercices Mentaux Spécifiques : Tous les exercices ne sont pas purement physiques. Certains sont spécialement conçus pour renforcer l'esprit ou offrir des avantages psychologiques :

1. Yoga : En plus d'améliorer la flexibilité et la force, le yoga met l'accent sur la conscience du moment présent et la connexion entre l'esprit et le corps. Les postures et la respiration aident à calmer l'esprit et à réduire le stress.

2. Tai Chi : Cet ancien art martial chinois, souvent décrit comme une "méditation en mouvement", aide à améliorer l'équilibre, la coordination et la conscience corporelle. Il est également connu pour réduire le stress et améliorer la concentration.

3. Danse : La danse offre non seulement un entraînement cardiovasculaire, mais aussi la possibilité de s'exprimer et de libérer des

émotions. La musique et le rythme peuvent avoir un effet apaisant sur l'esprit.

4. Promenades en Pleine Nature : Marcher en plein air, notamment dans des environnements naturels comme les forêts ou les parcs, peut avoir des effets bénéfiques sur le bien-être mental. Se connecter à la nature aide à réduire le stress et à améliorer l'humeur.

5. Étirements et Pilates : Ces pratiques améliorent la flexibilité et la posture tout en aidant à détendre l'esprit. Se concentrer sur la respiration et le mouvement conscient favorise la paix intérieure.

Effets Neurologiques de l'Exercice : Le cerveau bénéficie grandement de l'activité physique. L'exercice ne produit pas seulement des changements cellulaires, mais stimule également la libération de neurotransmetteurs et d'hormones qui peuvent avoir un impact profond sur notre état mental.

1. Neuroplasticité : L'exercice physique favorise la neuroplasticité, la capacité du cerveau à se reconfigurer et à créer de nouvelles connexions neuronales. Cela peut aider les capacités cognitives et la mémoire.

2. Neurogenèse : Des études ont montré que l'exercice, en particulier l'entraînement cardiovasculaire, peut stimuler la neurogenèse, c'est-à-dire la création de nouvelles cellules nerveuses, notamment dans l'hippocampe, une région clé pour la mémoire et l'apprentissage.

La Connexion Corps-Esprit :

1. Réaction Corps-Esprit : Lorsque votre corps se sent bien et actif, il envoie des signaux positifs au cerveau. De même, un esprit sain favorise un corps sain. Cette boucle de rétroaction peut être renforcée grâce à un exercice régulier.

2. Enracinement : Certains exercices, comme marcher pieds nus sur l'herbe ou le sable, peuvent offrir une expérience d'enracinement, connectant l'individu au présent et à la Terre.

Cela peut avoir des effets apaisants et rééquilibrants.

Le Rôle de l'Exercice dans la Prévention des Troubles Mentaux :

1. Prévention de la Dépression : Outre la libération d'endorphines, l'exercice régulier peut réduire le risque de développer une dépression en raison de ses effets sur l'équilibre des neurotransmetteurs et la promotion de la neurogenèse.

2. Gestion de l'Anxiété : L'activité physique peut réduire les symptômes d'anxiété en fournissant un exutoire pour les tensions accumulées et en améliorant la régulation du système nerveux.

L'Exercice comme Méditation en Mouvement :

1. Flux et Concentration : Des activités comme la course, le vélo ou la natation peuvent conduire à un état de "flux" où les individus sont complètement immergés dans l'activité, perdant souvent la notion du temps. Cette

concentration profonde est similaire aux états méditatifs.

2. Arts Martiaux : Outre le Tai Chi, de nombreuses autres disciplines d'arts martiaux, comme le Karaté, le Judo ou l'Aikido, mettent l'accent sur la connexion entre l'esprit, le corps et l'esprit. Une pratique régulière peut aider à développer la concentration, la discipline et la pleine conscience.

L'Importance de la Consistance :

1. Routine Quotidienne : Même de petits mouvements, lorsqu'ils sont effectués régulièrement, peuvent faire la différence. Vous n'avez pas besoin d'entraînements intensifs tous les jours ; même une courte marche ou quelques exercices d'étirement peuvent être bénéfiques.

2. Trouver des Activités Plaisantes : La clé pour maintenir une routine d'exercice à long terme est de trouver des activités que vous aimez,

que ce soit la danse, la promenade dans le parc, la natation ou tout ce qui vous fait vous sentir bien.

Conclusion : Alors que beaucoup entreprennent des parcours de remise en forme pour améliorer leur apparence extérieure, les avantages intérieurs, notamment pour l'esprit et le bien-être psychologique, sont immenses et parfois négligés. Intégrer l'exercice comme une partie fondamentale de l'auto-soin peut avoir des effets profonds et durables sur la qualité de vie.

Écriture comme refuge :

1. **Un Espace Sûr :** Un journal peut devenir un refuge privé, un endroit où vous pouvez vous exprimer sans jugement, sans crainte d'être incompris ou critiqué.

2. **Catharsis à travers les Mots :** Parfois, le simple acte de mettre des mots sur papier peut conduire à un sentiment de libération, vous

permettant de relâcher les tensions accumulées ou les émotions refoulées.

Méthodes Innovantes d'Écriture Thérapeutique :

1. **Poésie et Haïku :** Créer de la poésie ou des haïkus peut être une manière alternative et artistique d'exprimer des sentiments et des pensées. Ces formes brèves et conceptuelles peuvent capturer l'essence d'un moment ou d'un sentiment en quelques mots.

2. **Auto-Dialogue :** Écrire un dialogue entre le "moi actuel" et le "moi futur" ou le "moi passé" peut offrir des perspectives intéressantes et aider à la prise de décision ou à la résolution de conflits internes.

3. **Journal Visuel :** Intégrer l'écriture à des éléments visuels tels que des dessins, des collages ou des photographies peut enrichir l'expérience du journal, la rendant plus stimulante et engageante.

4. **Cartes Mentales :** Ce type d'écriture, en utilisant des diagrammes et des graphiques,

peut aider à visualiser des idées, des concepts ou des sentiments, en connectant différents éléments entre eux.

Avantages à Long Terme de l'Écriture :

1. **Résilience Émotionnelle :** La pratique régulière de l'écriture peut augmenter la résilience émotionnelle, aidant à faire face à des défis futurs avec plus d'équilibre et de perspicacité.

2. **Conscience de Soi Accrue :** La revue d'anciennes entrées peut révéler des schémas de comportement ou de réactions récurrents, permettant une plus grande prise de conscience et une croissance personnelle.

3. **Lien avec les Autres :** Le partage de parties de votre journal ou de vos écrits avec des personnes de confiance peut créer un niveau plus profond de connexion et de compréhension.

Conclusion : L'acte d'écrire est un voyage, non seulement à travers les mots, mais aussi à travers l'âme. À travers divers styles et techniques, l'écriture offre un accès à notre monde intérieur, nous permettant d'explorer, de comprendre et finalement de libérer l'esprit. Dans un monde souvent submergé par des stimuli externes, l'écriture peut devenir une boussole, nous guidant vers une plus grande clarté et une paix intérieure.

13. Parler à Quelqu'un

Trouver un Confident :

1. **L'Importance du Partage :** Partager des pensées et des sentiments peut apporter un soulagement, offrant un exutoire et une perspective externe. Le simple fait de verbaliser ce qui nous préoccupe peut réduire l'intensité des émotions.

2. **Qui Est un Confident :** Un confident peut être un ami, un membre de la famille ou toute personne en qui vous avez confiance. L'élément clé est la capacité du confident à écouter sans jugement et à offrir un soutien.

3. **Établir la Confiance :** Une relation solide avec un confident repose sur la confiance et la

compréhension mutuelle. Il est essentiel que les deux parties se sentent en sécurité et respectées.

4. **Avantages d'Avoir un Confident :** Avoir quelqu'un avec qui partager peut conduire à une plus grande clarté mentale, à une réduction du stress et à une amélioration de l'humeur. De plus, cela peut offrir une nouvelle perspective ou des solutions à des problèmes en apparence insurmontables.

Avantages de la Thérapie :

1. **Un Environnement Professionnel et Neutre :** La thérapie offre un environnement sûr et neutre pour s'exprimer librement sur les sentiments et les préoccupations, en sachant que ce qui est partagé restera confidentiel.

2. **Outils et Techniques :** Contrairement à un confident, un thérapeute est formé pour offrir des outils et des techniques spécifiques pour traiter des problèmes spécifiques, de la

gestion du stress à la résolution de
traumatismes.

3. **Une Perspective Objective :** Les thérapeutes
offrent une perspective externe et objective,
aidant les patients à voir les choses d'un point
de vue différent et à identifier les schémas ou
comportements malsains.

4. **Un Soutien à Long Terme :** Alors qu'un
confident peut offrir un soutien occasionnel, la
thérapie peut fournir un soutien à long terme,
aidant à naviguer dans des défis continus ou
des problèmes profondément enracinés.

5. **Une Approche Personnalisée :** Chaque
individu est unique, et ce qui fonctionne pour
l'un peut ne pas fonctionner pour un autre. Un
thérapeute peut adapter l'approche
thérapeutique aux besoins spécifiques du
patient.

Le Pouvoir du Dialogue Interpersonnel :

1. **Reflet Miroir :** Lorsque nous parlons à quelqu'un, nous recevons souvent en retour ce que nous avons exprimé, comme dans un miroir. Cet "effet miroir" peut aider à reconnaître et à aborder des sentiments ou des pensées qui pourraient autrement ne pas être clairs.

2. **Validation Émotionnelle :** Se sentir compris et validé peut avoir des effets thérapeutiques. Reconnaître que ses émotions sont valides peut aider à réduire le sentiment d'isolement et de solitude.

3. **Les Avantages de l'Écoute Active :** Avoir quelqu'un qui écoute activement, c'est-à-dire qui est pleinement présent et attentif, peut aider à clarifier des pensées confuses et vous faire sentir que ce que vous dites a de la valeur.

Groupes de Soutien et Communautés :

1. **Solidarité et Compréhension :** Rejoindre des groupes de soutien ou des communautés peut procurer un sentiment d'appartenance. Savoir que d'autres font face à des défis similaires peut offrir du réconfort et une perspective.

2. **Apprentissage par les Autres :** Écouter les expériences des autres peut fournir de nouvelles idées ou approches pour résoudre des problèmes personnels. Les récits des autres peuvent inspirer et offrir de l'espoir.

3. **Donner et Recevoir :** Dans de tels groupes, vous recevez non seulement du soutien, mais vous avez également l'opportunité d'en fournir aux autres, créant ainsi un cycle d'empathie et de compréhension.

Considérations sur la Thérapie de Groupe :

1. **Dynamique de Groupe :** La thérapie de groupe offre un environnement où des individus aux défis similaires peuvent partager et apprendre ensemble. Les interactions de groupe peuvent fournir des perspectives précieuses sur sa propre situation.

2. **Plusieurs Retours :** Contrairement à la thérapie individuelle, où les retours proviennent uniquement du thérapeute, la thérapie de groupe offre la possibilité de recevoir des retours de plusieurs perspectives.

3. **Rentabilité :** La thérapie de groupe est souvent plus économiquement accessible que la thérapie individuelle.

Technologies et Communication :

1. **Thérapie en Ligne :** Avec l'avènement des technologies numériques, il est désormais possible d'accéder à la thérapie à distance, permettant à quiconque disposant d'une connexion Internet de trouver du soutien.

2. **Applications pour le Bien-Être Mental :** De nombreuses applications ont été développées pour offrir des outils de pleine conscience, des journaux émotionnels, voire des chatbots thérapeutiques.

Conclusion : La communication, au cœur de tout, est l'un des outils les plus puissants pour le traitement émotionnel. Elle offre un moyen de naviguer dans les subtilités de l'esprit et de trouver la clarté au milieu du chaos. À travers divers modes - à la fois personnels et de groupe, hors ligne et en ligne - la capacité de parler et d'être entendu est un élément fondamental du voyage vers la compréhension de soi et du bien-être mental. Dans un monde de plus en plus interconnecté, les opportunités de se connecter et de trouver du soutien sont abondantes, offrant de l'espoir et des solutions à quiconque fait face aux défis de la surréflexion.

Gestion du Temps et Organisation

Techniques de Planification :

1. **La Méthode des "Trois P" :**

   • **Planifiez :** Commencez la journée avec une liste claire des tâches à accomplir. Évitez de surcharger la liste ; gardez-la réaliste.

• **Priorisez :** Identifiez les tâches les plus importantes ou urgentes et attaquez-les en premier.

• **Rythme (Pace) :** Répartissez les tâches tout au long de la journée pour éviter de vous sentir dépassé.

2. **Technique Pomodoro :**

• Cette technique consiste à travailler intensément pendant 25 minutes, puis à prendre une pause de 5 minutes. Cela aide à maintenir une concentration élevée et à réduire la fatigue.

3. **Calendriers et Plannings :**

• Utilisez des calendriers physiques ou numériques et des plannings pour suivre les rendez-vous et les délais.

4. **Planification à Long Terme :**

• En plus de la planification quotidienne, envisagez une planification hebdomadaire, mensuelle ou annuelle pour avoir une vue d'ensemble des engagements et des objectifs.

Éviter la Procrastination :

1. **Comprendre les Causes :**

   • Identifiez ce qui cause la procrastination. Cela peut être la peur, le perfectionnisme, le manque de motivation ou d'autres raisons personnelles.

2. **La Technique des "Cinq Minutes" :**

   • Au lieu de penser à terminer une tâche entière, engagez-vous à y travailler pendant seulement cinq minutes. Une fois que vous commencez, vous pourriez avoir envie de continuer au-delà de cette courte période.

3. **Découpage des Tâches :**

   • Divisez les tâches plus importantes en sous-tâches plus petites et gérables. Cela rend le démarrage beaucoup moins intimidant.

4. **Créez un Environnement Favorable :**

• Assurez-vous que votre espace de travail est exempt de distractions. Cela peut impliquer de nettoyer votre bureau, de désactiver les notifications ou de choisir un endroit calme pour travailler.

5. **Récompensez-vous :**

• Établissez de petites récompenses pour vous-même une fois qu'une tâche est terminée ou qu'une étape importante est atteinte. Cela peut servir de motivation supplémentaire.

Techniques Avancées de Planification :

1. **Cartes Mentales :**

• Ces diagrammes visuels peuvent aider à visualiser les tâches, les idées et les objectifs, facilitant ainsi l'organisation et la planification. En dessinant des branches à partir d'une idée centrale, vous pouvez obtenir une vue d'ensemble des activités et des sous-tâches.

2. **Méthode par Lots :**

- Regroupez des tâches similaires et accomplissez-les ensemble. Par exemple, si vous avez plusieurs e-mails à envoyer, vous pourriez décider de les faire tous en une seule période.

3. **Révision Hebdomadaire :**

- Consacrez du temps à la fin de chaque semaine pour réfléchir à ce que vous avez accompli, à ce que vous n'avez pas accompli et planifiez la semaine suivante. Cela peut éviter le sentiment d'être submergé par les tâches accumulées.

Stratégies Approfondies contre la Procrastination :

1. **Auto-Compromis :**

- Si une tâche semble trop grande ou intimidante, négociez un compromis avec vous-même. Par exemple, si vous ne pouvez pas vous engager à une heure d'étude intensive, engagez-vous pour 20 minutes.

2. **Visualisation :**

• Imaginez le sentiment d'avoir terminé la tâche. Cette perspective peut fournir un regain de motivation pour commencer.

3. **Méthode "Mangez le Crapaud" :**

• Cette méthode repose sur l'idée que commencer la journée en terminant la tâche la plus difficile (le "crapaud") rend tout le reste plus facile en comparaison.

4. **Analyse Coût-Bénéfice :**

• Lorsque vous êtes tenté de procrastiner, énumérez les coûts de ce choix et les avantages de passer à l'action. Cela peut vous aider à voir les choses en perspective et à prioriser les tâches.

Utiliser la Technologie à Votre Avantage :

1. **Applications de Gestion du Temps :**

• Il existe de nombreuses applications conçues pour aider à la planification, telles que Trello, Asana ou Todoist. Ces applications peuvent aider à organiser les tâches, à définir des rappels et à suivre les progrès.

2. **Minuteries et Chronomètres :**

• Utiliser des minuteries ou des chronomètres pour fixer des limites de temps aux tâches peut aider à maintenir la concentration et à éviter de perdre du temps.

3. **Bloqueurs de Distraction :**

• Si vous vous trouvez souvent distrait par des sites web ou des applications, envisagez d'utiliser des logiciels tels que "Freedom" ou "Cold Turkey" pour limiter l'accès à ces tentations pendant les périodes de travail.

Conclusion : L'art de la gestion du temps et de l'organisation ne concerne pas seulement les outils ou les méthodes, mais aussi l'état d'esprit. Il nécessite de la conscience de soi, de la réflexion et parfois une dose d'autodiscipline. Bien que les techniques puissent fournir une structure et une direction, l'élément le plus important est l'intention : un véritable désir de vivre de manière plus intentionnelle et productive, en évitant les pièges de la surpensée et de la procrastination. Avec le bon équilibre de stratégies et la volonté de les appliquer, il est possible non seulement de gérer votre temps de manière plus efficace, mais aussi de vivre avec une plus grande présence et un plus grand but.

Célébrer les Petites Victoires :

1. **Petits Pas :** • Lorsque confronté à l'incertitude, se concentrer sur de petits objectifs réalisables peut rendre une situation écrasante plus gérable. Chaque petite victoire peut renforcer la confiance en soi.

2. **Registre des Réalisations :** • Tenir un registre des réalisations, même mineures, peut fournir une source de motivation et un rappel des progrès réalisés, en particulier en période de doute.

Revoir Vos Attentes :

1. **Adaptabilité :** • Souvent, la détresse survient lorsque la réalité ne correspond pas à nos attentes. Revoir et ajuster vos attentes pour les aligner avec la réalité peut aider à réduire la tension et la frustration.

2. **Attentes Réalistes :** • Fixez des attentes qui tiennent compte de la réalité et des facteurs imprévisibles. Cela ne signifie pas abaisser les normes, mais plutôt être réaliste et flexible dans votre approche des objectifs.

Établir un Point d'ancrage de Sérénité :

1. **Trouver Votre "Constant" :** • Même au milieu du chaos, avoir une "constante" dans votre vie, que ce soit une routine, un être cher ou une pratique personnelle, peut fournir confort et stabilité.

2. **Moments de Silence :** • Consacrez du temps chaque jour, même quelques minutes seulement, pour être dans le silence et vous

recentrer. Cela peut servir de pause revigorante et une occasion de vous reconnecter avec vous-même.

Conclusion : Vivre dans un monde imprévisible nécessite un nouvel ensemble de compétences et d'état d'esprit. Il ne s'agit pas de se préparer à toutes les éventualités, mais plutôt de développer la capacité à naviguer avec grâce à travers les eaux incertaines de la vie. Grâce à l'acceptation, à la vulnérabilité et à l'embrassement de l'incertitude, nous pouvons trouver non seulement la paix, mais aussi une profondeur d'expérience et de connexion qui n'aurait peut-être pas été possible autrement.

16. L'Art et la Créativité comme Exutoire

Expression comme Libération :

1. **L'Art comme Reflet de l'Âme :** • L'art et la créativité représentent non seulement un moyen d'exprimer des pensées et des émotions, mais aussi d'explorer l'essence même de notre être. Grâce à l'art, nous

pouvons plonger dans les profondeurs de notre psyché, affronter des peurs ou des traumatismes et trouver des solutions à des dilemmes intérieurs.

2. **Canaliser les Émotions :** • Lorsque vous êtes submergé par la surpensée, l'art peut servir de canal pour libérer de telles énergies, transformant des pensées frénétiques en œuvres tangibles.

Avantages Psychologiques et Physiques :

1. **Réduction du Stress :** • La création artistique peut induire un état méditatif, réduisant les niveaux de cortisol (l'hormone du stress) et favorisant la relaxation.

2. **Renforcement de l'Estime de Soi :** • L'achèvement d'une œuvre d'art procure un sentiment d'accomplissement, renforçant la confiance en soi et ses propres capacités.

3. **Stimulation Cérébrale :** • L'art et la créativité stimulent le cerveau de manière unique,

favorisant la neuroplasticité et améliorant des fonctions telles que la mémoire, la concentration et les compétences en résolution de problèmes.

Trouver Votre Voix Artistique :

1. **Explorer Différentes Formes d'Art :** • Qu'il s'agisse de peinture, de sculpture, d'écriture, de danse, de musique ou de photographie, il est essentiel d'explorer différentes formes d'art pour découvrir celle qui résonne le plus avec votre être intérieur.

2. **Créer Sans Jugement :** • L'art ne devrait pas être une activité limitée par des attentes ou des jugements externes. C'est une forme pure d'expression personnelle, et chaque individu devrait se sentir libre de créer sans craindre d'être jugé.

3. **Cours et Ateliers :** • S'inscrire à des cours ou ateliers locaux peut être un excellent moyen d'apprendre de nouvelles techniques, de

trouver de l'inspiration et de se connecter avec d'autres amateurs d'art.

Art Thérapie :

1. **Psychologie de l'Art :** • Certains thérapeutes utilisent l'art comme moyen d'aider les patients à explorer et à exprimer des émotions qui peuvent être difficiles à verbaliser. Cette forme de thérapie peut fournir une perspective unique sur les problèmes d'une personne et l'aider à trouver des moyens de les résoudre.

2. **Couleurs et Émotions :** • Les couleurs peuvent influencer profondément nos émotions. La pratique de choisir intentionnellement des couleurs spécifiques lors de la création artistique peut servir à la fois d'auto-exploration et de moyen d'influencer son humeur.

Connexions Sensorielles dans l'Art :

1. **Le Tact dans la Sculpture :** • Façonner de l'argile ou sculpter peut être incroyablement thérapeutique. La connexion physique avec le matériau permet une forme d'expression profondément libératrice.

2. **Musique et Rythme :** • Créer ou écouter de la musique peut influencer notre bien-être mental. Le rythme, en particulier, peut avoir un impact direct sur notre humeur, offrant une forme de méditation en mouvement.

Rituels et Routine Créatifs :

1. **L'Importance de la Routine :** • Établir une routine créative peut aider à fournir un sentiment de structure et de but. Ce rituel peut devenir un moment sacré dans la journée, une opportunité de se déconnecter et de se connecter avec soi-même.

2. **Espaces Créatifs Personnels :** • Avoir un coin ou une pièce dédié(e) à l'art et à la créativité peut favoriser l'inspiration. Cet espace peut

devenir un sanctuaire, un lieu où se retirer et se sentir libre d'exprimer.

L'Art dans la Vie de Tous les Jours :

1. **Intégrer l'Art :** • Vous n'avez pas besoin d'être un "artiste" pour intégrer l'art dans la vie de tous les jours. Même des activités simples comme gribouiller pendant un appel ou cuisiner de manière créative peuvent être des moyens de s'exprimer.

2. **Arts Numériques et Nouveaux Médias :** • Avec l'avènement de la technologie, les opportunités de création artistique se sont étendues. La graphique, la photographie numérique et la réalité virtuelle offrent de nouvelles plateformes pour explorer et partager la créativité.

Conclusion : L'art est bien plus qu'un passe-temps ou une profession ; c'est un langage universel, un moyen d'explorer l'être humain et un moyen de se connecter avec son moi le plus profond. Grâce à une pratique régulière et à une immersion dans la créativité, nous pouvons non seulement trouver un soulagement des pressions de la vie quotidienne, mais aussi découvrir de nouveaux horizons de compréhension de soi et de croissance personnelle. Dans un monde où la surpensée est de plus en plus courante, l'art émerge comme un phare d'espoir, offrant un chemin vers la sérénité et l'équilibre intérieur.

17. Limiter la Consommation de Stimulants

Compréhension de la Biochimie des Stimulants :

1. **Adénosine et Caféine :**

   • La caféine agit principalement en bloquant les récepteurs de l'adénosine dans le cerveau. L'adénosine est un neurotransmetteur qui favorise le sommeil et la relaxation. Lorsqu'il est bloqué par la caféine, cela provoque une sensation de vigilance, mais cela peut aussi contribuer à des sentiments d'anxiété.

2. **Alcool et GABA :**

• L'alcool agit en augmentant l'effet du GABA (acide gamma-aminobutyrique), un neurotransmetteur inhibiteur. Bien qu'à court terme, cela puisse produire une sensation de relaxation, à long terme, cela peut altérer la production et la fonction du GABA, ce qui entraîne une anxiété accrue lorsque l'alcool se dissipe.

3. **Sucres et Insuline :**

• Une consommation excessive de sucre peut provoquer des pics rapides d'insuline. Ces pics et les chutes subséquentes peuvent affecter l'humeur et la concentration, prédisposant le cerveau à des cycles de surpensée.

Implications Psychologiques des Stimulants :

1. **Altération de la Perception :**

• Les stimulants, en particulier l'alcool, peuvent fausser la perception de la réalité d'une personne, rendant difficile la distinction entre des pensées réalistes et irrationnelles, alimentant ainsi le cycle de la surpensée.

2. **Renforcement Négatif :**

• Si une personne dépend des stimulants pour gérer le stress ou l'anxiété, un cycle de renforcement négatif peut se développer. L'individu peut commencer à croire qu'il a besoin du stimulant pour se sentir mieux, même sans aborder la cause sous-jacente de sa détresse.

Alternatives et Substitutions :

1. **Eau Aromatisée :**

• Si vous avez tendance à consommer des boissons sucrées ou caféinées pour le goût, essayez de les remplacer par de l'eau aromatisée naturellement avec des fruits frais ou des herbes.

2. **Thés à Base de Plantes :**

• Il existe de nombreuses options de thés sans caféine qui peuvent fournir de la saveur sans l'effet stimulant. Des thés comme le rooibos, la camomille ou les thés à base de menthe peuvent être une bonne alternative.

3. **Aliments Complets :**

• Réduisez les sucres raffinés en choisissant des aliments complets. Manger des fruits, des légumes, des céréales complètes et des protéines maigres peut aider à stabiliser les niveaux de glucose sanguin et à fournir une énergie soutenue.

Les stimulants peuvent avoir un impact profond sur notre état mental. Comprendre comment ils agissent dans le corps et leurs effets sur notre esprit peut nous aider à faire des choix plus éclairés. Limiter ou modérer notre consommation, ainsi qu'adopter des alternatives plus saines, peut contribuer à une plus grande clarté mentale et à une réduction de la surpensée.

18. Le Pouvoir du Sommeil

L'Importance Fondamentale du Sommeil : Le sommeil représente un pilier fondamental du bien-être physique et mental. Pendant le sommeil, le corps se régénère, les cellules se réparent et le cerveau traite les informations de la journée, consolidant les souvenirs. Un sommeil insuffisant peut compromettre ces fonctions essentielles et laisser les individus fatigués, irritables, et, crucial pour notre sujet, sujets à la surpensée.

Comment la Surpensée Affecte le Sommeil :

1. **Cycles de Pensées et Insomnie :**

   • Lorsque l'esprit est inondé de pensées incessantes, s'endormir peut devenir extrêmement difficile. La surpensée peut entraîner de l'insomnie ou des interruptions du sommeil.

2. **Perturbation des Phases de REM :**

   • La surpensée excessive peut également influencer les phases de sommeil REM

(Mouvements Oculaires Rapides), essentielles pour la santé mentale et la mémoire.

3. **Stress et Cortisol :**

   • L'anxiété et le stress résultant de la surpensée peuvent entraîner une production accrue de cortisol, une hormone de stress, ce qui peut retarder ou perturber le cycle de sommeil naturel.

Créer une Routine de Sommeil :

1. **Environnement Tranquille :** Assurez-vous que votre chambre soit calme, sombre et fraîche. Investissez dans des rideaux occultants, utilisez des bouchons d'oreilles, ou une machine à bruit blanc si nécessaire.

2. **Établir un Horaire Régulier :** Essayez d'aller au lit et de vous réveiller à la même heure tous les jours, même le week-end. Cela stabilise votre horloge biologique interne.

3. **Rituel Avant le Coucher :** Établissez un rituel pré-sommeil relaxant, comme lire un livre, écouter de la musique calme, prendre un bain chaud, ou pratiquer des exercices de respiration.

4. **Détox Numérique :** Évitez les écrans lumineux (smartphones, ordinateurs, télévisions) au moins une heure avant le coucher. La lumière bleue émise par les écrans peut perturber la production de mélatonine, l'hormone du sommeil.

5. **Aliments et Boissons :** Évitez les repas copieux, la caféine et l'alcool avant le coucher. Bien que l'alcool puisse vous donner l'impression de vous endormir, il peut perturber le sommeil pendant la nuit.

6. **Exercice Physique :** L'activité physique pendant la journée peut vous aider à mieux dormir la nuit. Cependant, essayez d'éviter les exercices intenses en soirée.

Le Sommeil et la Santé Cognitive :

Le sommeil n'est pas seulement un "interrupteur d'arrêt" pour le corps, mais une période essentielle de maintenance et de réparation pour l'esprit.

1. **Processus Neurologiques :** Pendant le sommeil, les cellules gliales dans le cerveau éliminent les débris neurologiques, un processus vital pour maintenir la santé neuronale et prévenir les maladies neurodégénératives telles qu'Alzheimer.

2. **Consolidation de la Mémoire :** Pendant le sommeil, le cerveau "répète" les informations apprises au cours de la journée, consolidant les souvenirs et transférant les informations de la mémoire à court terme à la mémoire à long terme.

3. **Créativité et Résolution de Problèmes :** Beaucoup de personnes trouvent des solutions à des problèmes ou des idées créatives après une bonne nuit de sommeil. Cela est dû au fait que le cerveau réévalue et relie différentes

informations pendant les phases de sommeil paradoxal (REM).

Effets à Long Terme de la Privation de Sommeil :

Le manque chronique de sommeil peut entraîner une série de problèmes à court et à long terme.

1. **Réduction des Capacités Cognitives :** Le manque de sommeil peut réduire l'attention, la concentration et les capacités de prise de décision.

2. **Problèmes de l'Humeur :** L'insomnie chronique peut augmenter le risque de troubles de l'humeur tels que la dépression et l'anxiété.

3. **Affaiblissement du Système Immunitaire :** L'absence de régénération pendant le sommeil peut affaiblir le système immunitaire, rendant le corps plus susceptible aux maladies et aux infections.

Conseils Supplémentaires pour Améliorer la Qualité du Sommeil :

1. **Matelas et Oreillers :** Investissez dans un bon matelas et des oreillers pour assurer un bon soutien et une bonne position de sommeil.

2. **Fragrance dans la Chambre :** Utilisez des huiles essentielles comme la lavande pour créer un environnement plus relaxant et favoriser un meilleur sommeil.

3. **Thérapies de Relaxation :** Des techniques comme la relaxation musculaire progressive ou l'écoute de sons de la nature peuvent aider à s'endormir plus facilement.

4. **Réduire les Siestes en Journée :** Si vous trouvez que vous faites souvent des siestes en journée, cela pourrait avoir un impact négatif sur la qualité du sommeil nocturne. Si nécessaire, limitez les siestes en journée à 20-30 minutes en début d'après-midi.

Conclusion :

Travailler activement à améliorer à la fois la qualité et la quantité de sommeil peut non seulement réduire la surpensée, mais aussi conduire à un bien-être général amélioré, à une productivité accrue, à une clarté mentale et à une meilleure santé physique et émotionnelle. Considérez le sommeil comme un investissement dans votre santé et votre bien-être global.

6. Planification et Réflexion :

Prenez un moment, peut-être le soir ou tôt le matin, pour planifier la journée à venir ou réfléchir à la journée passée. Cela peut vous aider à prendre du recul et à réduire la surpensée.

Le Lien Entre la Routine et la Réduction de la Surpensée :

La surpensée émerge souvent en l'absence de clarté lorsque l'esprit erre sans but, cherchant des réponses ou des solutions. Établir une routine offre un chemin clair et défini pour la journée, réduisant le besoin de prises de décision constantes et minimisant les moments d'incertitude.

Profondeur dans des Routines Spécifiques :

1. **Planification des Repas :** La planification des repas peut sembler être un détail mineur, mais elle peut réduire la fatigue décisionnelle en éliminant la question constante de "que vais-je manger aujourd'hui ?" Cela conserve l'énergie mentale et réduit la surpensée liée à la nourriture.

2. **Temps de Développement Personnel :** Incluez un moment dédié à la croissance personnelle ou à l'apprentissage. Cela pourrait inclure la lecture d'un livre, l'écoute d'un podcast éducatif ou le visionnage d'un documentaire. Nourrir l'esprit peut aider à canaliser l'énergie de la surpensée dans des voies productives.

3. **Rituels de Beauté et de Soins Personnels :** Créer une routine de beauté ou de soins personnels peut servir de moment méditatif. Que ce soit des soins de la peau, une routine capillaire ou un bain relaxant, ces moments peuvent devenir sacrés et une occasion de vous connecter avec vous-même.

4. **Définir des Alarmes et des Rappels :** Il ne s'agit pas seulement de se réveiller le matin. Définir des alarmes pour vous rappeler les pauses, les moments d'étirement ou même de boire de l'eau peut vous assurer de prendre soin de vous et réduire l'anxiété d'oublier quelque chose.

5. **Se Connecter avec la Nature :** Si possible, intégrez du temps en plein air dans votre routine quotidienne. Il pourrait s'agir d'une courte promenade, de jardinage ou simplement de prendre un café sur le porche. Se connecter avec la nature a été démontré pour réduire les niveaux de cortisol et favoriser le bien-être mental.

6. **Pause Réflexive :** Cela peut être un moment où vous mettez tout de côté, fermez les yeux et êtes simplement présent. Pendant cette pause, prenez contact avec vous-même, remarquez comment vous vous sentez et ce qui se passe dans votre esprit.

Flexibilité dans la Routine :

Bien que l'idée d'une routine suggère une structure rigide, il est important de maintenir une certaine flexibilité. La vie peut présenter des situations inattendues, et il peut y avoir des jours où vous ne pouvez pas suivre votre routine à la lettre. Et c'est bien. L'objectif principal est d'avoir un guide qui vous aide à naviguer dans la journée avec un sentiment d'intention et de but, plutôt que d'être réactif à divers stimuli et situations qui se présentent.

Ajustements Personnalisés et Flexibilité :

1. **Faire des Variations :** Une routine ne doit pas être rigide. Introduire de petites variations peut aider à maintenir l'intérêt et l'engagement.

2. **Temps pour l'Improvisation :** Tout ne doit pas être planifié dans les moindres détails. Laissez de la place dans votre routine pour l'improvisation et la spontanéité.

3. **Routines Saisonnières :** Adaptez votre routine aux différentes saisons. Par exemple, vous voudrez peut-être faire de l'exercice en plein air en été et des activités intérieures en hiver.

Incorporation de Techniques de Relaxation :

1. **Étirements du Matin :** Une petite série d'exercices d'étirement le matin peut activer votre corps et le préparer pour la journée.

2. **Techniques de Respiration :** Intégrez des techniques de respiration dans votre routine, par exemple pendant les pauses, pour vous aider à gérer le stress et l'anxiété.

3. **Visualisation :** Utilisez des techniques de visualisation pour vous préparer mentalement aux engagements ou aux événements difficiles de la journée.

Évaluation et Itération :

1. **Revues Hebdomadaires :** Prenez un moment à la fin de chaque semaine pour évaluer comment votre routine affecte votre bien-

être. Apportez les ajustements nécessaires pour la semaine suivante.

2. **Indicateurs de Performance :** Établissez des indicateurs clés de performance (KPI) pour mesurer l'efficacité de votre routine. Il peut s'agir de niveaux de stress, de qualité du sommeil ou de niveaux d'énergie en journée.

3. **Feedback de Personnes de Confiance :** Partagez votre routine avec des amis ou des membres de la famille en qui vous avez confiance et demandez-leur leur avis. Parfois, une perspective externe peut offrir des idées précieuses.

Cas Spéciaux :

1. **Pour les Parents :** Si vous êtes parent, incluez des moments spécifiques dans votre routine pour passer du temps avec vos enfants, vous détendre avec eux ou participer à des activités éducatives.

2. **Pour les Étudiants :** Si vous êtes étudiant, intégrez le temps d'étude dans votre emploi

du temps, mais consacrez également du temps à la détente et aux activités sociales. Une vie équilibrée aide à réduire la surpensée.

3. **Pour les Professionnels :** Si vous êtes dans le monde du travail, n'oubliez pas d'équilibrer le temps de bureau avec des activités qui vous aident à déconnecter et à vous détendre.

Conclusion :

N'oubliez pas, votre routine quotidienne vous est propre. C'est un cadre flexible qui doit vous servir et vous soutenir, pas un ensemble de règles rigides auxquelles vous devez adhérer à tout prix. Elle devrait évoluer avec vous et vos besoins, favorisant un équilibre entre la productivité, le bien-être et la détente.

20. Conclusion : Le Chemin vers la Sérénité :

Réfléchissons au voyage que nous avons entrepris. La surpensée n'est pas seulement un obstacle mental ; elle peut imprégner tous les aspects de nos vies, entravant notre bien-être, nos relations et notre productivité. Cependant, comme nous l'avons exploré dans chaque chapitre, il existe des outils et des techniques à notre disposition pour aborder et surmonter cette tendance.

Points Clés :

- **Compréhension de la Surpensée** : Nous avons exploré les causes, les manifestations et les répercussions de la rumination excessive. **Reconnaître le problème est la première étape pour y remédier.**

- **Stratégies et Techniques** : De la méditation à la gratitude, de l'art à la gestion du temps, nous avons exploré une large gamme d'outils qui peuvent vous aider à recentrer votre esprit, à le calmer, et à le maintenir concentré sur le moment présent.

- **Personnalisation** : Chaque individu est unique, et ce qui fonctionne pour une personne peut ne pas fonctionner pour une autre. **Nous avons souligné l'importance d'adapter ces techniques à votre propre vie et à vos besoins.**

Une Invitation à l'Action : Maintenant que vous êtes armé de connaissances et d'outils, nous vous encourageons à **franchir le premier pas, no matter how small.** Cela pourrait être de prendre cinq minutes par jour pour méditer ou de noter trois choses pour lesquelles vous êtes reconnaissant chaque soir. Le chemin pour vaincre la surpensée et embrasser la sérénité est un processus, pas une destination.

Regard vers l'Avenir : Le chemin vers la sérénité est un chemin d'apprentissage constant et d'adaptation. Il y aura des bons jours et des moins bons jours.

Mais à chaque pas que vous faites, avec chaque outil que vous appliquez, vous vous rapprochez

d'une vie plus centrée, plus présente, et plus sereine.

Une Dernière Réflexion :

Comme dans tout voyage, il y aura des obstacles et des détours. Cependant, **la détermination, l'engagement, et la volonté d'investir en vous-même garantiront votre succès**. Vous avez le pouvoir de façonner votre réalité mentale et de vivre une vie libérée de la surpensée. Commencez aujourd'hui, un petit pas à la fois, et voyez jusqu'où vous pouvez aller.

Et avec cela, nous vous souhaitons la paix, la sérénité, et un esprit clair sur votre chemin vers la sérénité. Commencez maintenant et embrassez chaque moment.

Résumé et Ressources Utiles : Dans notre voyage pour comprendre et gérer la surpensée, nous avons abordé divers aspects clés et techniques qui peuvent aider à trouver la sérénité et la clarté dans la vie quotidienne :

- **Introduction** : Nous avons exploré la nature de la surpensée et ses effets sur la santé mentale et physique.

- **Causes de la Surpensée** : Nous avons examiné comment les événements passés, la peur du futur et le perfectionnisme peuvent alimenter les cycles de rumination excessive.

- **Lien Entre le Stress et la Surpensée** : Nous avons analysé comment le stress peut exacerber la surpensée et la réponse du corps.

- **Le Cycle Négatif de la Surpensée** : Nous avons découvert comment la surpensée peut devenir un cycle auto-entretenu.

- **Reconnaître la Surpensée** : Nous avons appris à identifier et à surveiller les signes et les symptômes.

- **Méditation et Pleine Conscience** : Nous avons été initiés à la pratique de la pleine conscience et aux techniques de méditation.

- **Respiration Consciente** : Nous avons discuté de l'importance de la respiration dans la gestion de la surpensée.

- **La Pratique de la Gratitude** : Nous avons mis en avant comment se concentrer sur le positif peut lutter contre la surpensée.

- **Limite des Distractions** : Conseils pour créer des environnements propices à la concentration.

- **Établissement de Limites** : L'importance de fixer des limites personnelles.

- **Exercice Physique** : Nous avons discuté des bienfaits du sport et de l'activité physique pour l'esprit.

- **Écrire pour Libérer l'Esprit** : Nous avons été initiés au journal intime et à l'écriture thérapeutique.

- **Parler à Quelqu'un** : La valeur de la thérapie et de la confidence à autrui.

- **Gestion du Temps** : Conseils pour planifier et éviter la procrastination.

- **Acceptation de l'Incertitude** : Apprendre à vivre dans le présent et à lâcher prise sur le besoin de contrôle.

- **Art et Créativité** : Nous avons discuté de l'art comme forme d'expression et de gestion des émotions.

- **Limite des Stimulants** : Nous avons analysé l'effet du café, de l'alcool et du sucre sur l'anxiété.

- **Le Pouvoir du Sommeil** : L'importance du sommeil pour la santé mentale.

- **Routine Quotidienne** : Nous avons discuté de la façon dont une routine peut favoriser la sérénité.

- **Conclusion** : Réflexions finales sur le chemin vers la sérénité.

Ressources Utiles :

• **Mindful.org** - Un site web complet sur la pleine conscience avec des articles, des pratiques et des cours.

• **Headspace** - Une application de méditation offrant des guides et des séances guidées pour différents niveaux.

• **La Fondation Nationale du Sommeil** - Fournit des informations détaillées sur le sommeil et des conseils pour une meilleure hygiène du sommeil.

• **Psychology Today** - Un site web où vous pouvez trouver des thérapeutes locaux et lire des articles sur divers sujets liés à la psychologie.

• **Les Minimalistes** - Conseils pour réduire les distractions et vivre une vie plus simple.

Nous vous invitons à explorer ces ressources et à poursuivre votre voyage pour améliorer votre vie. N'oubliez pas que chaque pas, aussi petit soit-il, vous rapproche d'un esprit plus calme et plus centré. Bonne chance sur votre chemin vers la sérénité et la paix intérieure.

Notes personnelles :